Histoires Courtes en Portugais

Apprendre l'Portugais facilement en lisant des histoires courtes

Martim Carvalho

greenthumbpublishing@gmail.com

Contenu

Introduction

Lire dans une langue étrangère est l'un des moyens les plus efficaces d'améliorer ses compétences linguistiques et d'enrichir son vocabulaire. Cependant, il est parfois difficile de trouver des supports de lecture attrayants, d'un niveau approprié, qui procurent un sentiment de réussite et de progrès. La plupart des livres et articles écrits pour des locuteurs natifs peuvent être trop longs et difficiles à comprendre ou contenir un vocabulaire de très haut niveau, de sorte que vous vous sentez dépassé et abandonnez. Si ces problèmes vous sont familiers, alors ce livre est pour vous !

Histoires Courtes en Portugais est une collection de 25 histoires courtes non conventionnelles et divertissantes qui sont conçues pour aider les apprenants de niveau débutant à intermédiaire Portugais à améliorer leurs compétences linguistiques.

Ces histoires courtes créent un environnement propice à la lecture en incluant ;

- Un contenu linguistique riche dans différents genres pour vous divertir et vous exposer à une variété de formes de mots.
- Des histoires plus courtes en chapitres pour vous donner la satisfaction de terminer des histoires et de progresser rapidement.
- Des textes écrits à votre niveau afin qu'ils soient plus facilement compréhensibles et ne vous dépassent pas.
- Traduction française sur des pages alternées afin que vous puissiez vous y référer directement ligne par ligne tout en lisant l'histoire Portugais.
- Le vocabulaire clé est imprimé en gras tout au long

de l'histoire et de la traduction pour vous aider à comprendre plus facilement les mots qui ne vous sont pas familiers.
- Des questions de compréhension pour tester votre compréhension des événements clés et vous encourager à lire plus en détail.

Que vous souhaitiez enrichir votre vocabulaire, améliorer votre compréhension ou simplement lire pour le plaisir, ce livre est le plus grand pas en avant que vous ferez dans vos études cette année. Histoires Courtes en Portugais vous apportera tout le soutien dont vous avez besoin, alors asseyez-vous, détendez-vous et laissez libre cours à votre imagination en vous laissant transporter dans un monde magique d'aventures, de mystères et d'intrigues - en Portugais!

Comment utiliser ce livre

La lecture est un talent difficile à maîtriser. Nous utilisons toute une série de micro-compétences pour nous aider à lire dans notre langue maternelle. Par exemple, nous pouvons parcourir un passage pour en comprendre le sens, ou l'essentiel. Nous pouvons aussi passer au peigne fin les nombreuses pages d'un horaire de train à la recherche d'une heure ou d'un lieu précis. Si ces micro-compétences sont une seconde nature lorsque nous lisons dans notre langue maternelle, les recherches révèlent que nous en oublions souvent la plupart lorsque nous lisons dans une langue étrangère. Lorsque nous apprenons une langue étrangère, nous commençons généralement par le début d'un texte et le parcourons en essayant de comprendre chaque mot. Inévitablement, nous rencontrons des termes peu familiers ou complexes et nous sommes gênés par notre incapacité à les comprendre.

L'un des principaux avantages de la lecture dans une langue étrangère est que vous êtes exposé à un grand nombre de phrases et d'expressions utilisées dans des situations quotidiennes. La lecture extensive est un terme utilisé pour décrire la lecture pour le plaisir dans le but d'apprendre une langue. En d'autres termes, la lecture approfondie de manuels scolaires aide généralement à l'apprentissage des règles de grammaire et d'un vocabulaire particulier, mais la lecture extensive d'histoires aide à l'apprentissage du langage naturel.

Histoires Courtes en Portugais vous donnera l'occasion d'en apprendre davantage sur la langue naturelle Portugais en usage, même si vous avez peut-être commencé votre voyage d'apprentissage des langues

uniquement avec des manuels. Voici quelques conseils à garder à l'esprit lorsque vous lirez les histoires de ce livre pour en tirer le meilleur parti : Lorsqu'il s'agit de lire, le plaisir et le sentiment d'accomplissement sont essentiels. Vous en redemandez parce que vous aimez ce que vous lisez. Lire chaque histoire du début à la fin est la meilleure méthode pour prendre plaisir à lire des histoires et se sentir accompli. Par conséquent, la chose la plus cruciale est d'arriver à la fin d'une histoire. C'est en fait plus important que de connaître chaque mot.

Plus vous lisez, plus vous acquerrez de connaissances. Vous aurez rapidement une connaissance du fonctionnement de la Portugais si vous lisez de gros livres pour le plaisir. Cependant, gardez à l'esprit que pour tirer tous les bénéfices d'une lecture extensive, vous devez d'abord lire un volume suffisamment important. Lire quelques pages ici et là peut vous apprendre quelques nouveaux mots, mais cela ne fera pas une différence significative dans votre niveau global de Portugais.

Acceptez le fait que vous ne comprendrez pas tout ce que vous lisez dans un roman. C'est, sans aucun doute, le point le plus crucial ! N'oubliez jamais que le fait de ne pas comprendre tous les mots ou toutes les phrases est tout à fait acceptable. Cela ne signifie pas que vos compétences linguistiques sont insuffisantes ou que vos résultats sont médiocres. Cela indique que vous participez activement au processus d'apprentissage.

Guide de lecture

Afin de tirer le meilleur parti de la lecture d'Histoires Courtes en Portugais, il est préférable que vous suiviez ce processus de lecture simple en six étapes pour chaque chapitre des histoires :

1. Lisez le titre du chapitre. Réfléchissez à ce que pourrait être le sujet de l'histoire. Puis lisez l'histoire jusqu'au bout. Votre objectif est simplement d'atteindre la fin de l'histoire. Par conséquent, ne vous arrêtez pas pour chercher des mots et ne vous inquiétez pas s'il y a des choses que vous ne comprenez pas. Essayez simplement de suivre l'intrigue.

2. Lorsque vous arrivez à la fin de l'histoire, parcourez la traduction française pour voir si vous avez compris ce qui s'est passé et reprenez tout contexte qui vous aurait échappé.

3. Revenez en arrière et relisez la même histoire. Si vous le souhaitez, vous pouvez vous concentrer davantage sur les détails de l'histoire qu'auparavant, mais sinon, lisez-la simplement une fois de plus.

4. Ensuite, répondez aux questions de compréhension en Portugais pour vérifier votre compréhension des événements clés de l'histoire. Si vous ne comprenez pas entièrement les questions, ne vous inquiétez pas. Utilisez vos connaissances pour répondre du mieux que vous pouvez.

5. A ce stade, vous devriez avoir une certaine compréhension des principaux événements du chapitre. Si ce n'est pas le cas, vous pouvez relire le chapitre

plusieurs fois en utilisant la traduction pour vérifier les mots et les phrases inconnus jusqu'à ce que vous vous sentiez en confiance.

Une fois que vous êtes prêt et sûr d'avoir compris ce qui s'est passé - que ce soit après une ou plusieurs lectures de l'histoire - passez à l'histoire suivante et continuez à apprécier l'histoire à votre propre rythme, comme vous le feriez pour n'importe quel autre livre.

Ce n'est qu'une fois que vous avez terminé une histoire dans son intégralité que vous pouvez envisager de revenir en arrière et d'étudier le langage de l'histoire plus en profondeur si vous le souhaitez. Au lieu de vous inquiéter de tout comprendre, prenez le temps de vous concentrer sur ce que vous avez compris et de vous féliciter pour tout ce que vous avez fait.

Histoires Courtes
en Portugais

Vinho do Porto

A primeira vez que provei vinho do Porto foi numa viagem a Portugal com a minha família. Estávamos hospedados numa pequena cidade chamada Porto e, claro, tivemos de provar a especialidade local. O vinho era doce e pesado, muito **diferente** dos tintos secos que normalmente bebíamos. Adorei-o imediatamente. Durante os dias seguintes, explorámos o Porto e provámos muitos mais tipos de vinho do Porto. Há tantos estilos diferentes - tawny, ruby, vintage - e cada um deles é delicioso à sua maneira. Visitámos até algumas das **adegas** onde o vinho do Porto é feito. Foi fascinante ver como este tipo especial de vinho é produzido utilizando uvas que são cultivadas de uma determinada forma e depois envelhecidas durante anos em **barris de** carvalho antes de serem engarrafadas. Hoje em dia, sempre que bebo vinho do Porto penso com carinho naquela maravilhosa viagem a Portugal todos aqueles anos atrás. É uma bebida tão **única** e saborosa; nada mais se compara a ela!

Hoje em dia, sou um pouco conhecedor de vinhos do Porto. Sempre que entretenho convidados em casa, gosto de lhes servir uma selecção de diferentes portos para que possam experimentar algo novo. É sempre divertido ver a cara deles quando tomam aquele primeiro gole! Devo dizer que o meu tipo de porto

Vin de Porto

La première fois que j'ai goûté du porto, c'était lors d'un voyage au Portugal avec ma famille. Nous séjournions dans une petite ville appelée Porto et, bien sûr, nous avons dû goûter la spécialité locale. Le vin était doux et lourd, très **différent** des rouges secs que nous buvions habituellement. Je l'ai tout de suite aimé. Les jours suivants, nous avons exploré Porto et goûté de nombreux autres types de vin de Porto. Il y a tellement de styles différents - tawny, ruby, vintage - et chacun est délicieux à sa façon. Nous avons même visité certains des **établissements vinicoles** où le porto est fabriqué. Il était fascinant de voir comment ce type de vin spécial est produit à partir de raisins cultivés d'une manière particulière, puis vieillis pendant des années dans des **fûts de** chêne avant d'être mis en bouteille. Aujourd'hui, chaque fois que je bois du porto, je pense toujours avec émotion à ce merveilleux voyage au Portugal, il y a tant d'années. C'est une boisson tellement **unique** et savoureuse que rien ne peut lui être comparé !

Aujourd'hui, je suis un peu un connaisseur de porto. Lorsque je reçois des invités à la maison, j'aime leur servir une sélection de différents portos pour qu'ils puissent essayer quelque chose de nouveau. C'est toujours amusant de voir la tête qu'ils font lorsqu'ils prennent la première gorgée ! Je dois dire que mon

preferido é o vintage. Há apenas algo no seu **sabor** rico e cor profunda que realmente me atrai. Claro, é também o tipo de porto mais caro - mas vale cada cêntimo, na minha opinião. Se ainda não provou vinho do Porto, então peço-lhe que procure uma garrafa e a experimente. Talvez se veja **apaixonado** por esta deliciosa bebida, como eu fiz todos aqueles anos atrás. Foi ideia do meu marido fundar um clube do vinho do Porto. No início, não tinha a certeza - afinal de contas, sabia muito pouco sobre este tipo de vinho. Mas ele estava tão entusiasmado com ele e fez tanta **pesquisa** que acabei por concordar em prová-lo. O clube já vai há quase dois anos e já experimentámos alguns portos incríveis durante esse tempo. Tivemos portos tawny de diferentes regiões de Portugal, portos vintage com **décadas de** idade, até alguns portos experimentais 'new wave' feitos com métodos alternativos. Tem sido uma verdadeira educação! O meu marido é agora o verdadeiro **perito** na nossa casa quando se trata de vinho do Porto - mas isso não me impede de o apreciar tanto como ele o faz.

type de porto **préféré** est le porto vintage. Il y a quelque chose dans sa **saveur** riche et sa couleur profonde qui me plaît vraiment. Bien sûr, c'est aussi le porto le plus cher, mais il vaut chaque centime, à mon avis. Si vous n'avez jamais essayé le porto, je vous conseille vivement de vous procurer une bouteille et de tenter votre chance. Vous pourriez tomber **amoureux** de cette délicieuse boisson, comme je l'ai fait il y a des années. C'est mon mari qui a eu l'idée de créer un club de porto. Au début, je n'étais pas sûre - après tout, je connaissais très peu ce type de vin. Mais il était tellement enthousiaste et a fait tellement de **recherches** que j'ai fini par accepter d'essayer. Le club existe depuis près de deux ans maintenant et nous avons goûté des portos extraordinaires au cours de cette période. Nous avons dégusté des portos fauves de différentes régions du Portugal, des portos millésimés vieux de **plusieurs dizaines d'années**, et même des portos expérimentaux "nouvelle vague" élaborés selon des méthodes alternatives. Cela a été une véritable éducation ! Mon mari est maintenant le véritable **expert en** porto dans notre foyer, mais cela ne m'empêche pas de l'apprécier tout autant que lui.

Questões de compreensão

1. Qual é o nome da cidade em Portugal onde o autor teve a sua primeira prova de vinho do Porto?

2. Quais são os diferentes tipos de vinho do Porto?

3. Como é feito o vinho do Porto?

4. Qual é o tipo de vinho do Porto preferido do autor?

5. Há quanto tempo é que o clube do vinho do Porto do autor está a funcionar?

6. Qual é a diferença entre vinho do Porto tawny e vinho do Porto vintage?

7. O que diz o autor sobre o vinho do Porto em geral?

8. Como foi a primeira experiência do autor com vinho do Porto?

9. Qual é a opinião do marido do autor sobre o vinho do Porto?

10. Porque é que o vinho do Porto é a bebida perfeita para partilhar com alguém que se ama?

Questions de compréhension

1. Quel est le nom de la ville du Portugal où l'auteur a goûté pour la première fois au vin de Porto ?

2. Quels sont les différents types de porto ?

3. Comment le porto est-il fabriqué ?

4. Quel est le type de porto préféré de l'auteur ?

5. Depuis combien de temps le club de porto de l'auteur existe-t-il ?

6. Quelle est la différence entre le porto tawny et le porto vintage ?

7. Que dit l'auteur à propos du porto en général ?

8. Comment s'est passée la première expérience de l'auteur avec le porto ?

9. Que pense le mari de l'auteur du porto ?

10. Pourquoi le porto est-il la boisson idéale à partager avec un être cher ?

O Algarve

O Algarve é um lugar **bonito.** O sol brilha intensamente e as ondas batem contra as rochas. É um lugar perfeito para relaxar e apreciar a paisagem. No entanto, há algo de estranho neste lugar. Tem havido relatos de **pessoas a** desaparecer na zona. Ninguém sabe o que lhes aconteceu, mas nunca mais são vistas de novo. Um dia, um grupo de amigos decide ir dar uma **volta** pelo Algarve. Estão entusiasmados por explorar este novo lugar e ver tudo o que ele tem para oferecer. No entanto, ao iniciarem a sua viagem, apercebem-se rapidamente de que algo não está bem. Não conseguem abalar a **sensação** de que alguém os está a observar das sombras. À medida que o grupo continua a sua caminhada, eles começam a ouvir ruídos estranhos. Parece que alguém os está a seguir.

Eles aceleram o seu ritmo, mas o barulho só fica mais alto. De repente, vêem uma figura emergir das árvores. É um homem com toda a **roupa** preta. Ele tem uma expressão em branco no rosto e não diz nada quando começa a caminhar na sua direcção. O grupo tenta fugir, mas é tarde demais. O homem apanha-os e agarra cada um deles um a um. Eles **gritam** por ajuda, mas ninguém vem em seu socorro. Eles nunca mais são vistos. A polícia fica perplexa com os

L'Algarve

L'Algarve est un endroit **magnifique**. Le soleil brille et les vagues s'écrasent contre les rochers. C'est un endroit parfait pour se détendre et profiter du paysage. Cependant, il y a quelque chose d'étrange à propos de cet endroit. On a signalé des disparitions de **personnes** dans la région. Personne ne sait ce qui leur est arrivé, mais on ne les revoit jamais. Un jour, un groupe d'amis décide de partir en **randonnée** dans l'Algarve. Ils sont impatients d'explorer ce nouvel endroit et de voir tout ce qu'il a à offrir. Cependant, alors qu'ils commencent leur voyage, ils réalisent rapidement que quelque chose ne va pas. Ils ne peuvent se défaire du **sentiment** que quelqu'un les observe depuis l'ombre. Alors que le groupe poursuit sa randonnée, il commence à entendre des bruits étranges. On dirait que quelqu'un les suit.

Ils accélèrent le pas, mais le bruit ne fait que s'amplifier. Soudain, ils voient une silhouette émerger des arbres. C'est un homme portant des **vêtements** noirs. Il a une expression vide sur son visage et ne dit rien alors qu'il commence à marcher vers eux. Le groupe tente de s'enfuir, mais c'est trop tard. L'homme les rattrape et les attrape un par un. Ils **crient** à l'aide, mais personne ne vient les secourir. On ne les revoit plus jamais. La police est déconcertée par ces disparitions. Elle n'a

desaparecimentos. Não têm pistas e nenhuma ideia do que poderia ter acontecido às pessoas **desaparecidas.** A única coisa que sabem é que todos eles desapareceram no Algarve. À medida que mais e mais pessoas desaparecem, a polícia começa a suspeitar que algo de sobrenatural está a funcionar. Eles trazem uma equipa de **investigadores** paranormais para tentar resolver o caso. No entanto, até eles estão perplexos. Parece que o que quer que seja responsável por estes desaparecimentos não quer ser encontrado. Uma noite, um dos investigadores tem um sonho estranho. Nele, ele vê um grupo de pessoas a ser raptadas por um homem vestido de preto. Ele acorda coberto de suor, sem saber o que isto significa. Poderá ser que o seu **subconsciente** esteja a tentar dizer-lhe alguma coisa? Ele decide partilhar o seu sonho com os outros investigadores e todos eles concordam que vale a pena investigar. Começam a vasculhar registos antigos e acabam por descobrir que tem havido casos semelhantes ao longo da história em que grupos de pessoas desapareceram misteriosamente sem deixar rasto.

aucune piste et aucune idée de ce qui a pu arriver aux personnes **disparues**. La seule chose qu'ils savent, c'est qu'ils ont tous disparu en Algarve. Comme de plus en plus de personnes disparaissent, la police commence à soupçonner que quelque chose de surnaturel est à l'œuvre. Elle fait appel à une équipe d'**enquêteurs** paranormaux pour tenter de résoudre l'affaire. Cependant, même eux restent sur leur faim. Il semble que la personne responsable de ces disparitions ne veuille pas être retrouvée. Une nuit, l'un des enquêteurs fait un rêve étrange. Il y voit un groupe de personnes se faire enlever par un homme vêtu de noir. Il se réveille couvert de sueur, sans savoir ce que cela signifie. Se pourrait-il que son **subconscient** essaie de lui dire quelque chose ? Il décide de partager son rêve avec les autres enquêteurs et tous conviennent que cela vaut la peine de s'y intéresser. Ils commencent à passer au peigne fin les vieux dossiers et finissent par découvrir qu'il y a eu des cas similaires dans l'histoire où des groupes de personnes ont mystérieusement disparu sans laisser de trace.

Questões de compreensão

1. O que é o Algarve?

2. O que é que as pessoas têm desaparecido no Algarve?

3. O que é que o grupo de amigos decidiu fazer?

4. O que é que eles perceberam quando começaram a sua viagem?

5. O que é que viram emergir das árvores?

6. O que é que o homem fez ao grupo de amigos?

7. O que é que a polícia trouxe para tentar resolver o caso?

8. Com que é que um dos investigadores tinha um sonho?

9. O que é que os investigadores descobriram quando procuraram nos registos antigos?

10. Qual era o plano para apanhar o que quer que fosse que estava a levar as pessoas?

Questions de compréhension

1. Qu'est-ce que l'Algarve ?

2. Qu'est-ce qui a disparu en Algarve ?

3. Qu'est-ce que le groupe d'amis a décidé de faire ?

4. Qu'ont-ils réalisé en commençant leur voyage ?

5. Qu'ont-ils vu émerger des arbres ?

6. Qu'est-ce que l'homme a fait au groupe d'amis ?

7. Qu'a apporté la police pour tenter de résoudre l'affaire ?

8. De quoi l'un des enquêteurs a-t-il rêvé ?

9. Qu'ont découvert les enquêteurs en consultant de vieux dossiers ?

10. Quel était le plan pour piéger ce qui enlevait les gens ?

Navegação

As ondas batem contra a costa, enviando um spray de água para o ar. O sol brilha e o céu é azul. É um dia perfeito para **o surf**. Remo até onde as ondas estão a quebrar e espero por uma boa. Vejo uma a chegar e começo a remar com força. Apanho-a no momento em que começa a partir-se e levanto-me na minha prancha. A onda leva-me até à costa, onde a levo até **se dissipar** na areia. Volto a sair para onde estava a surfar e remo de novo. Desta vez, apanho uma **onda** cedo e levo-a até à costa.

Quando estou a cavalgar, vejo alguém a observar-me da praia. É uma rapariga, e ela está a sorrir. Quando chego à costa, ela vem ter comigo e apresenta-se. O seu nome é Sarah, e ela diz que me **observa a** surfar há algum tempo. Falamos um pouco e depois seguimos os nossos caminhos separados. Alguns dias mais tarde, Sarah vem ter comigo à praia novamente enquanto eu surfo. Ela pergunta se eu quero ir dar um mergulho com ela no oceano. Eu digo com certeza, por isso **remamos** juntos para além das ondas **que quebram** em terra. Depois de nadarmos durante algum tempo, começamos a falar da vida e do que queremos dela. Falamos até ao pôr-do-sol, quando finalmente regressamos à costa. Enquanto caminhamos de volta,

Surfing

Les vagues s'écrasent sur le rivage, envoyant un jet d'eau dans l'air. Le soleil brille et le ciel est bleu. C'est une journée parfaite pour **surfer**. Je pagaie jusqu'à l'endroit où les vagues se brisent et j'attends une bonne vague. J'en vois une arriver et je commence à pagayer fort. Je l'attrape juste au moment où elle commence à déferler et je me lève sur ma planche. La vague m'emmène jusqu'au rivage, où je la chevauche jusqu'à ce qu'elle **se dissipe** sur le sable. Je retourne à l'endroit où je surfais et je pagaie à nouveau. Cette fois, j'attrape une **vague** tôt et je la chevauche jusqu'au rivage.

Pendant que je roule, je vois quelqu'un qui me regarde depuis la plage. C'est une fille, et elle sourit. Quand j'arrive sur le rivage, elle vient vers moi et se présente. Elle s'appelle Sarah, et elle dit qu'elle me **regarde** surfer depuis un moment. Nous avons parlé un peu et nous avons pris des chemins différents. Quelques jours plus tard, Sarah s'approche à nouveau de moi sur la plage alors que je suis en train de surfer. Elle me demande si je veux aller nager avec elle dans l'océan. Je dis oui, et nous **pagayons** ensemble au-delà des vagues **qui déferlent** sur le rivage. Après avoir nagé pendant un moment, nous commençons à parler de la

Sarah pega na minha mão. Parece **natural**, como algo que estava destinado a acontecer.

Continuamos a ver-nos todos os dias depois disso , em **aventuras** tanto grandes como pequenas. Agora, anos mais tarde , continuamos juntos. Construímos uma vida própria e não podíamos estar mais felizes. Enquanto nos sentamos na praia a ver **os** nossos **filhos** brincar, reflectimos sobre como tudo começou com uma simples onda. E sabemos que, enquanto estivermos juntos, nada nos poderá separar. Mas isso não é o fim da nossa **história**. Porque teremos sempre o oceano. E enquanto houver ondas para surfar, a nossa aventura nunca **terminará** verdadeiramente.

vie et de ce que nous voulons en retirer. Nous avons parlé jusqu'au coucher du soleil, quand nous avons finalement regagné le rivage. Sur le chemin du retour, Sarah me prend la main. Cela semble **naturel**, comme quelque chose qui devait arriver.

Nous avons continué à nous voir tous les jours après cela, en vivant des **aventures** petites et grandes. Aujourd'hui, des années plus tard, nous sommes toujours ensemble. Nous avons construit notre propre vie et nous ne pourrions pas être plus heureux. Assis sur la plage, regardant nos **enfants** jouer, nous nous rappelons que tout a commencé par une simple vague. Et nous savons que tant que nous sommes ensemble, rien ne pourra jamais nous séparer. Mais ce n'est pas la fin de notre **histoire**. Parce que nous aurons toujours l'océan. Et tant qu'il y aura des vagues à surfer, notre aventure ne **se terminera** jamais vraiment.

Questões de compreensão

1. O que é que o protagonista vê quando está a surfar?

2. Como é que o protagonista se sente quando está a surfar?

3. Quem é o protagonista que se encontra na praia?

4. O que é que a protagonista e Sarah fazem quando se encontram?

5. O que é que Sarah pede à protagonista para fazer com ela?

6. O que diz o protagonista em resposta?

7. Em que pensa o protagonista enquanto nada?

8. Em que pensa o protagonista ao pôr-do-sol?

9. O que faz o protagonista todos os dias após o encontro com Sarah?

10. Em que pensa o protagonista no final da história?

Questions de compréhension

1. Que voit le protagoniste lorsqu'il surfe ?

2. Que ressent le protagoniste lorsqu'il surfe ?

3. Qui le protagoniste rencontre-t-il sur la plage ?

4. Que font le protagoniste et Sarah lorsqu'ils se rencontrent ?

5. Qu'est-ce que Sarah demande au protagoniste de faire avec elle ?

6. Que dit le protagoniste en réponse ?

7. A quoi pense le protagoniste pendant qu'il nage ?

8. À quoi pense le protagoniste au coucher du soleil ?

9. Que fait le protagoniste chaque jour après avoir rencontré Sarah ?

10. A quoi pense le protagoniste à la fin de l'histoire ?

Vasco da Gama

Vasco da Gama nasceu em 1460 em Portugal. Foi um famoso explorador e navegador. Em 1497, conduziu a primeira frota portuguesa à Índia. A viagem levou-o à volta do Cabo da Boa Esperança, no extremo **sul** de África. Foi uma viagem perigosa, mas ele conseguiu chegar em segurança à Índia. Na Índia, Vasco da Gama trocou com a população local por especiarias e outros bens. Também se encontrou com o governante de um dos **reinos** indianos. O governante deu-lhe **permissão** para construir um posto de comércio no seu reino. Este foi um passo importante para Portugal porque lhes permitiu negociar directamente com a Índia sem passar por intermediários árabes que vinham cobrando preços **elevados** pelas especiarias. A **viagem de** Vasco da Gama foi um sucesso.

Regressou a Portugal em 1499 com um navio cheio de especiarias e outras mercadorias. Isto fez dele um herói na sua pátria. Foi-lhe também atribuída uma posição **importante** no governo português. Em 1502, Vasco da Gama partiu para outra viagem à Índia. Desta vez, levou consigo uma frota maior e mais soldados. Ele queria **estabelecer** Portugal como uma força **poderosa** na Índia. No entanto, a viagem não foi tão bem sucedida como a sua primeira. Houve muitas batalhas

Vasco da Gama

Vasco da Gama est né en 1460 au Portugal. Il était un célèbre explorateur et navigateur. En 1497, il a mené la première flotte portugaise vers l'Inde. Le voyage l'a conduit à contourner le cap de Bonne-Espérance, à l'extrémité **sud** de l'Afrique. C'était un voyage dangereux, mais il est arrivé sain et sauf en Inde. En Inde, Vasco da Gama a échangé avec les populations locales des épices et d'autres marchandises. Il a également rencontré le souverain d'un des **royaumes** indiens. Le souverain lui a donné la **permission** de construire un comptoir commercial dans son royaume. Il s'agissait d'une étape importante pour le Portugal, car elle lui permettait de commercer directement avec l'Inde sans passer par des intermédiaires arabes qui demandaient des prix **élevés** pour les épices. Le **voyage** de Vasco da Gama est un succès.

Il est rentré au Portugal en 1499 avec un navire rempli d'épices et d'autres marchandises. Cela a fait de lui un héros dans sa patrie. Il a également obtenu un poste **important** au sein du gouvernement portugais. En 1502, Vasco da Gama entreprend un nouveau voyage vers l'Inde. Cette fois, il emmène une plus grande flotte et davantage de soldats. Il voulait **faire du** Portugal une force **puissante** en Inde. Cependant, le

e muito **derramamento de sangue**. No final, Vasco da Gama desistiu e regressou a Portugal sem cumprir o seu objectivo. Apesar deste contratempo, Vasco da Gama continuou a ser uma figura importante na história portuguesa. Ele continuou a navegar e a explorar novas terras para o seu país.

Em 1524, embarcou no que seria a sua viagem **final**. Mais uma vez, navegou à volta do Cabo da Boa Esperança, mas desta vez rumou para oeste, em direcção ao Brasil. No entanto, **a doença** obrigou-o a voltar para trás antes de poder chegar ao seu destino. Morreu pouco depois de regressar a casa. Vasco da Gama foi um dos exploradores mais **importantes** do seu tempo. Abriu novas rotas comerciais e **estabeleceu** Portugal como uma grande potência no Oriente. As suas **viagens** mudaram o mundo para sempre.

voyage n'est pas aussi réussi que le premier. Il y a eu de nombreuses batailles et beaucoup de **sang versé**. Finalement, Vasco da Gama abandonne et retourne au Portugal sans avoir atteint son objectif. Malgré cet échec, Vasco da Gama reste une figure importante de l'histoire du Portugal. Il a continué à naviguer et à explorer de nouvelles terres pour son pays.

En 1524, il s'embarque pour ce qui sera son **dernier** voyage. Une fois encore, il contourne le cap de Bonne-Espérance, mais cette fois, il se dirige vers l'ouest, vers le Brésil. Cependant, la **maladie** l'oblige à faire demi-tour avant d'atteindre sa destination. Il meurt peu après son retour. Vasco da Gama était l'un des plus **importants** explorateurs de son temps. Il a ouvert de nouvelles routes commerciales et **fait du** Portugal une grande puissance en Orient. Ses **voyages ont** changé le monde à jamais.

Questões de compreensão

1. Onde nasceu Vasco da Gama?

2. O que fez Vasco da Gama quando chegou à Índia pela primeira vez?

3. Porque é que a segunda viagem de Vasco da Gama à Índia não foi tão bem sucedida?

4. Como é que a viagem final de Vasco da Gama se diferenciou das suas duas primeiras?

5. O que aconteceu a Vasco da Gama depois de ter regressado da sua viagem final?

6. Qual foi o impacto global de Vasco da Gama no mundo?

7. Com que país Vasco da Gama estabeleceu rotas comerciais?

8. Qual foi o principal item que Vasco da Gama trocou?

9. Quem é que Vasco da Gama teve de passar para poder negociar com a Índia?

10. Como é que a primeira viagem de Vasco da Gama à Índia afectou Portugal?

Questions de compréhension

1. Où est né Vasco da Gama ?

2. Qu'a fait Vasco de Gama lorsqu'il est arrivé en Inde ?

3. Pourquoi le deuxième voyage de Vasco de Gama en Inde n'a-t-il pas été aussi fructueux ?

4. En quoi le dernier voyage de Vasco da Gama diffère-t-il de ses deux premiers ?

5. Qu'est-il arrivé à Vasco de Gama après son retour de son dernier voyage ?

6. Quel a été l'impact global de Vasco de Gama sur le monde ?

7. Avec quel pays Vasco da Gama a-t-il établi des routes commerciales ?

8. Quel était le principal objet que Vasco da Gama échangeait avec d'autres ?

9. Par qui Vasco da Gama a-t-il dû passer pour commercer avec l'Inde ?

10. Comment le premier voyage de Vasco da Gama en Inde a-t-il affecté le Portugal ?

Cortiça

O Corkman era um homem **simples**, contente por viver os seus dias na pequena aldeia onde nasceu. Ele ganhava a vida o melhor que podia, fazendo biscates para os aldeões quando eles precisavam dele. Não era muito, mas era **o suficiente** para o manter vivo. Um dia, porém, a vida do Corkman mudou para sempre. Um estranho veio à cidade, oferecendo uma grande soma de **dinheiro** a qualquer pessoa que lhe pudesse trazer uma cortiça de uma certa árvore. O Corkman não sabia o que era esta árvore nem onde encontrá-la, mas sabia que se conseguisse deitar **as mãos** a uma dessas rolhas, então estaria pronto para a vida. Ele partiu para a **floresta**, à procura desta árvore misteriosa.

Procurava alto e baixo, mas por mais tempo que procurasse, não conseguia encontrá-lo **em lado nenhum**. Quando estava prestes a perder a esperança, viu algo a brilhar à distância - poderia ser? Sim! Era a cortiça da árvore! O Corkman apressou-se e arrancou-a do seu poleiro antes de regressar à cidade com o seu prémio na mão. Quando a cortiça foi apresentada pelo **estranho** (que se revelou um milionário excêntrico), o pagamento foi prontamente feito e o nosso herói continuou o seu caminho alegre - mais rico do que

Liège

Le Corkman était un homme **simple**, heureux de vivre ses jours dans le petit village où il était né. Il gagnait sa vie du mieux qu'il pouvait, en faisant des petits boulots pour les villageois quand ils avaient besoin de lui. Ce n'était pas grand-chose, mais cela **suffisait** à le faire vivre. Un jour, cependant, la vie du Corkman a changé pour toujours. Un étranger est arrivé en ville, offrant une grosse somme d'**argent** à quiconque pourrait lui apporter un bouchon de liège provenant d'un certain arbre. L'homme-liège ne savait pas ce qu'était cet arbre ni où le trouver, mais il savait que s'il pouvait mettre la **main sur** un de ces bouchons, il serait fixé pour la vie. Il se mit donc en route dans la **forêt**, à la recherche de cet arbre mystérieux.

Il a cherché partout, mais peu importe combien de temps il a regardé, il ne l'a trouvé **nulle part**. Alors qu'il était sur le point d'abandonner tout espoir, il a vu quelque chose scintiller au loin... Serait-ce possible ? Oui ! C'était le bouchon de l'arbre ! Le Corkman s'est précipité et l'a **arraché** de son perchoir avant de retourner en ville avec son prix en main. Lorsque l'**étranger** (qui s'avéra être un millionnaire excentrique) lui présenta le bouchon, le paiement fut effectué rapidement et notre héros poursuivit sa route, plus

nunca graças àquele dia fatídico em busca de uma cortiça. A vida do Corkman mudou **da noite para o dia**. Ele já não era um homem simples, contente por viver os seus dias na pequena aldeia - ele era agora um homem rico, com mais dinheiro do que sabia o que fazer com ele. Rapidamente se tornou o assunto da **cidade**, e todos queriam ser seus amigos.

O Corkman apreciou a sua nova **riqueza** durante algum tempo, mas eventualmente tudo começou a sentir-se um pouco vazio. Sentiu falta da simplicidade da sua antiga vida e ansiava por algo mais **significativo**. Um dia, tomou uma decisão - ele daria todo o seu dinheiro e voltaria a viver tão simplesmente como antes. Os seus amigos e família pensavam que ele era **louco**, mas não compreendiam o que era ter tudo o que se podia desejar... e ainda assim sentiam que **faltava** algo. Então o Corkman entregou a sua fortuna e voltou a viver na pequena aldeia onde tudo começou. E sabe que mais? Ele descobriu que estava mais feliz do que nunca.

riche que jamais grâce à cette journée fatidique à la recherche d'un bouchon. La vie du bouchonnier a changé **du jour au lendemain**. Il n'était plus un homme simple se contentant de vivre dans le petit village, mais un homme riche, avec plus d'argent qu'il ne savait qu'en faire. Il est rapidement devenu le sujet de conversation de la **ville**, et tout le monde voulait être son ami.

Le Corkman a profité de sa nouvelle **richesse** pendant un certain temps, mais il a fini par se sentir un peu vide. La simplicité de son ancienne vie lui manquait et il aspirait à quelque chose de plus **significatif**. Un jour, il a pris une décision : il allait donner tout son argent et recommencer à vivre aussi simplement qu'avant. Ses amis et sa famille pensaient qu'il était **fou**, mais ils ne comprenaient pas ce que c'était que d'avoir tout ce que l'on pouvait désirer... tout en ayant l'impression que quelque chose **manquait**. Alors le Corkman a donné sa fortune et est retourné vivre dans le petit village où tout a commencé. Et vous savez quoi ? Il a découvert qu'il était plus heureux que jamais.

Questões de compreensão

1. O que é que o desconhecido ofereceu para pagar ao Corkman?

2. Como é que o Corkman se sentiu com a sua nova riqueza?

3. Porque é que o Corkman voltou a viver na pequena aldeia?

4. O que pensaram os amigos e a família do Corkman sobre a sua decisão de dar a sua fortuna?

5. O que é que o Corkman encontrou quando regressou à pequena aldeia?

6. Qual era a profissão do desconhecido?

7. Qual era a profissão do Corkman?

8. Quanto dinheiro tinha o Corkman antes do desconhecido chegar à cidade?

9. Como é que o Corkman encontrou a cortiça da árvore?

10. Qual era o nome da árvore de onde o Corkman tirou a cortiça?

Questions de compréhension

1. Qu'est-ce que l'étranger a proposé de payer au cigognetier ?

2. Comment le Corkman se sentait-il face à sa nouvelle richesse ?

3. Pourquoi le Corkman est-il retourné vivre dans le petit village ?

4. Qu'ont pensé les amis et la famille de l'homme-liège de sa décision de faire don de sa fortune ?

5. Qu'a trouvé le Corkman en retournant au petit village ?

6. Quelle était la profession de l'étranger ?

7. Quelle était la profession du boucher ?

8. Combien d'argent le boucher avait-il avant que l'étranger ne vienne en ville ?

9. Comment le Corkman a-t-il trouvé le bouchon de l'arbre ?

10. Quel est le nom de l'arbre dont le boucher a tiré le bouchon ?

Frango Piri Piri

O sol estava a bater impiedosamente na pequena cidade de Piri Piri Piri. As únicas coisas que se moviam eram as **galinhas**, bicando no chão em busca de comida. Eram as únicas criaturas que conseguiam suportar o calor. De repente, uma das galinhas começou a abanar e a convulsionar. Parecia estar a ter uma **convulsão**. Depois, o seu corpo começou a esticar-se e a crescer até ter o dobro do seu tamanho. As suas penas ficaram vermelhas e começaram a **fumar** como se estivessem a arder. As outras galinhas fugiram com medo quando esta estranha criatura se apresentou diante delas, sem saber o que fazer a seguir. No dia seguinte, os habitantes da cidade de Piri Piri acordaram e descobriram que todas as suas galinhas se tinham transformado nestas estranhas **criaturas.** Estavam assustados e não sabiam o que fazer.

Alguns dos **corajosos** decidiram tentar apanhar uma destas galinhas e cozinhá-la, pensando que talvez tivesse o sabor de uma galinha normal. Quando a apanharam, puseram-na numa panela de água a ferver e esperaram. Mas em vez de **cozinhar**, o frango começou a arder até não restar mais nada a não ser cinzas. Os habitantes da cidade ficaram horrorizados

Poulet Piri Piri

Le soleil tape impitoyablement sur la petite ville de Piri Piri. Les seules choses qui bougeaient étaient les **poulets**, qui picoraient le sol à la recherche de nourriture. Ils étaient les seules créatures à pouvoir supporter la chaleur. Soudain, un des poulets s'est mis à trembler et à convulser. On aurait dit qu'il avait une **attaque**. Puis, son corps s'est étiré et a grandi jusqu'à ce qu'il fasse deux fois sa taille. Ses plumes sont devenues rouges et ont commencé à **fumer** comme si elles étaient en feu. Les autres poulets s'enfuient, effrayés, tandis que cette étrange créature se tient devant eux, sans savoir quoi faire. Le lendemain, les habitants de Piri Piri se réveillent et découvrent que tous leurs poulets se sont transformés en ces étranges **créatures**. Ils ont peur et ne savent pas quoi faire.

Certains **courageux** ont décidé d'essayer d'attraper un de ces poulets et de le faire cuire, pensant qu'il aurait peut-être le même goût qu'un poulet normal. Quand ils en ont attrapé un, ils l'ont mis dans une casserole d'eau bouillante et ont attendu. Mais au lieu de **cuire**, le poulet a commencé à brûler jusqu'à ce qu'il ne reste plus que des cendres. Les habitants de la ville sont horrifiés et savent qu'après tout, cette journée ne sera pas normale. Lorsque la nouvelle de ces **étranges**

e sabiam que afinal este não seria um dia normal. À medida que se espalhava a notícia sobre as **estranhas** galinhas, as pessoas de todo o lado vinham vê-las por si próprias. Os cientistas chegaram para as estudar e descobrir o que as tornava diferentes das galinhas **normais.** Mas por muito que estudassem, não conseguiam descobrir. A única coisa que alguém sabia ao certo era que estas galinhas não eram definitivamente seguras para comer. A cidade de Piri Piri tornou-se uma atracção **turística por causa** das estranhas galinhas. As pessoas vinham de todo o lado para as ver e tirar fotografias.

As pessoas da cidade começaram a ganhar dinheiro com isto e puderam melhorar as suas vidas. Construíram novas casas e empresas, e a cidade **floresceu.** Mas apesar de agora terem dinheiro, os habitantes da cidade ainda não conseguiam perceber o que tornava estas galinhas tão especiais. E eles sabiam que, enquanto não soubessem, havia sempre a possibilidade de algo correr mal. Um dia, um grupo de **cientistas** veio à cidade com uma nova teoria. Disseram que tinham descoberto que as galinhas tinham sofrido mutações devido à radiação solar. Isto explica porque só foram encontradas em Piri Piri e em mais nenhum lugar do mundo. Os habitantes da cidade ficaram aliviados por **finalmente** terem uma explicação para estas estranhas criaturas.

poulets se répandit, des gens de partout vinrent les voir de leurs propres yeux. Des scientifiques sont arrivés pour les étudier et comprendre ce qui les différenciait des poulets **ordinaires**. Mais ils avaient beau étudier, ils n'arrivaient pas à comprendre. La seule chose dont on soit sûr, c'est que ces poulets sont impropres à la consommation. La ville de Piri Piri est devenue une attraction **touristique** à cause de ces étranges poulets. Les gens venaient de partout pour les voir et prendre des photos.

Les habitants ont commencé à gagner de l'argent grâce à cela et ont pu améliorer leur vie. Ils ont construit de nouvelles maisons et de nouveaux commerces, et la ville a **prospéré**. Mais même s'ils avaient de l'argent maintenant, les habitants ne pouvaient toujours pas comprendre ce qui rendait ces poulets si spéciaux. Et ils savaient que, tant qu'ils ne le savaient pas, il y avait toujours une chance que quelque chose tourne mal. Un jour, un groupe de **scientifiques** est arrivé en ville avec une nouvelle théorie. Ils ont dit qu'ils avaient découvert que les poulets avaient muté à cause des radiations du soleil. Cela explique pourquoi on ne les trouve qu'à Piri Piri et nulle part ailleurs dans le monde. Les habitants sont soulagés d'avoir **enfin** une explication pour ces étranges créatures.

Questões de compreensão

1. Qual foi a reacção inicial dos habitantes da cidade quando souberam das galinhas estranhas?

2. Como é que as pessoas da cidade ganharam dinheiro com as galinhas estranhas?

3. O que é que o grupo de cientistas disse que foi a causa da mutação das galinhas?

4. Como se sentiram as pessoas da cidade quando descobriram a causa das galinhas?

5. O que é que os habitantes da cidade ainda não sabem sobre as galinhas?

6. O que aconteceria se alguém tentasse comer uma das galinhas estranhas?

7. Como era a galinha estranha quando se transformou pela primeira vez?

8. Como reagiram as outras galinhas quando viram a estranha galinha?

9. Quanto tempo demorou a população da cidade a descobrir a causa das galinhas?

Questions de compréhension

1. Quelle a été la première réaction des habitants de la ville lorsqu'ils ont découvert les étranges poulets ?

2. Comment les habitants de la ville ont-ils gagné de l'argent grâce à ces étranges poulets ?

3. Selon le groupe de scientifiques, quelle était la cause de la mutation des poulets ?

4. Comment se sont sentis les habitants de la ville lorsqu'ils ont découvert la cause des poulets ?

5. Quelle est la chose que les habitants de la ville ne savent toujours pas à propos des poulets ?

6. Que se passerait-il si quelqu'un essayait de manger un de ces étranges poulets ?

7. A quoi ressemblait l'étrange poulet lors de sa première transformation ?

8. Comment les autres poulets ont-ils réagi lorsqu'ils ont vu le poulet étrange ?

9. Combien de temps a-t-il fallu aux habitants pour découvrir la cause des poulets ?

Golfe

O sol estava a bater no campo de golfe, fazendo com que a relva parecesse murchar com o calor. O único som que se podia ouvir era o som **ocasional** de um taco a bater numa bola. Ia ser um longo dia aqui fora. John tinha jogado golfe durante anos, e adorava-o. Ele adorava a sensação de **afundar** um putt ou de bater uma tacada directamente no fairway. Mas hoje, a sua mente não estava no seu jogo. A sua mente estava na sua **mulher**, que falecera há duas semanas devido a cancro. Ele tentou concentrar-se no seu swing, mas sempre que o fazia, via a cara dela nos olhos da sua mente. Já **sentia** tanto a **falta** dela, e doía saber que ela nunca mais estaria lá para o ver jogar. Finalmente desistiu, John saiu do **percurso** e dirigiu-se para casa. John estava sentado na sua sala de estar, a olhar para a televisão mas não a via realmente.

A sua mente ainda estava no golfe e na sua esposa. Ele sabia que precisava de sair de **casa** e fazer alguma coisa, ou ficaria louco. Levantou-se do sofá e foi para a garagem, onde os seus tacos de golfe estavam **guardados**. Levou-os para fora e colocou-os no seu carro, depois conduziu até ao campo. Estava vazio quando chegou, o que era exactamente o que ele queria. Caminhou para a primeira caixa de tacos e

Golf

Le soleil tape sur le terrain de golf, donnant l'impression que l'herbe se fane sous la chaleur. Le seul son que l'on pouvait entendre était le bruit **occasionnel** d'un club frappant une balle. Ça va être une longue journée ici. John a joué au golf pendant des années, et il aimait ça. Il aimait la sensation de **faire** un putt ou de frapper un drive directement sur le fairway. Mais aujourd'hui, son esprit n'était pas sur son jeu. Il pensait à sa **femme**, décédée il y a deux semaines d'un cancer. Il a essayé de se concentrer sur son swing, mais chaque fois qu'il l'a fait, il a vu son visage dans son esprit. Elle lui **manquait** déjà tellement, et cela lui faisait mal de savoir qu'elle ne serait plus jamais là pour le regarder jouer. Abandonnant finalement, John a quitté le **terrain** et est rentré chez lui. John était assis dans son salon, regardant la télévision sans vraiment la voir.

Son esprit était encore sur le golf et sur sa femme. Il savait qu'il devait sortir de la **maison** et faire quelque chose, sinon il allait devenir fou. Il s'est levé du canapé et est allé dans le garage, où étaient **rangés** ses clubs de golf. Il les a sortis et les a mis dans sa voiture, puis a conduit jusqu'au terrain de golf. Il était vide quand il est arrivé, ce qui était exactement ce qu'il voulait. Il a marché sur le premier tee et a regardé la **balle**. Il

olhou fixamente para a **bola**. Conseguiu voltar a ver o seu rosto, sorrindo para ele do outro lado do túmulo. Sacudindo a cabeça para a limpar, John respirou fundo e balançou. Enquanto John jogava sozinho por 18 buracos, começou a sentir-se **melhor**. O ar fresco e o exercício estavam a fazer-lhe bem, e pensar em tempos felizes com a sua mulher em vez de se deter na sua **morte** também estava a ajudar. Quando terminou de jogar, o sol tinha começado a pôr-se, e John sentia-se como um homem novo.

Empacotou os seus tacos, entrou no seu carro, e dirigiu-se para casa, sentindo-se **grato** por ter um escape tão grande para lidar com este período difícil da sua vida. John continuou a jogar golfe várias vezes por semana, e isso tornou-se a sua **terapia**. Começou a encontrar-se com outras pessoas no campo que estavam a lidar com os seus próprios problemas, e muitas vezes falavam enquanto jogavam. Era bom ter alguém para conversar com quem **compreendesse** o que ele estava a passar. Finalmente, John começou a entrar novamente em **torneios**, e até ganhou alguns deles. Mas mais importante, ele sentiu que finalmente tinha encontrado **a paz** depois de perder a sua esposa. O golfe tinha-o salvado de uma vida de solidão e tristeza, e por isso ficaria eternamente grato.

pouvait voir son visage à nouveau, lui souriant d'outre-tombe. Secouant la tête pour la vider, John a pris une profonde inspiration et a frappé la balle. Alors que John jouait 18 trous tout seul, il a commencé à se sentir **mieux**. L'air frais et l'exercice lui faisaient du bien, et penser aux moments heureux avec sa femme au lieu de penser à sa **mort** l'aidait également. Lorsqu'il a fini de jouer, le soleil s'est couché et John s'est senti comme un nouvel homme.

Il remballe ses clubs, monte dans sa voiture et rentre chez lui, **reconnaissant d'avoir un** exutoire aussi efficace pour faire face à cette période difficile de sa vie. John a continué à jouer au golf plusieurs fois par semaine, et c'est devenu sa **thérapie**. Il a commencé à rencontrer d'autres personnes sur le terrain de golf qui étaient confrontées à leurs propres problèmes, et ils parlaient souvent en jouant. C'était agréable d'avoir quelqu'un à qui parler et qui **comprenait** ce qu'il vivait. Finalement, John a recommencé à participer à des **tournois**, et il en a même gagné quelques-uns. Mais surtout, il a l'impression d'avoir enfin trouvé la **paix** après avoir perdu sa femme. Le golf l'a sauvé d'une vie de solitude et de tristesse, et il lui en sera toujours reconnaissant.

Questões de compreensão

1. Em que estava a mente de John concentrada enquanto jogava golfe?

2. Como se sentiu John quando começou a jogar golfe novamente?

3. O que é que John fez quando chegou ao campo de golfe pela primeira vez?

4. Como é que John se sentiu no final do jogo?

5. O que é que John fez depois de ter terminado de jogar golfe?

6. Porque é que John começou a jogar golfe novamente?

7. Em que pensou John enquanto jogava golfe?

8. Onde estava focada a mente de John enquanto jogava golfe?

9. Quando começou John a jogar golfe novamente?

10. O que é que John fez quando chegou ao campo de golfe pela primeira vez?

Questions de compréhension

1. Sur quoi l'esprit de John était-il concentré pendant qu'il jouait au golf ?

2. Comment John s'est-il senti lorsqu'il a recommencé à jouer au golf ?

3. Qu'a fait John en arrivant sur le terrain de golf ?

4. Comment John s'est-il senti à la fin du jeu ?

5. Qu'a fait John après avoir fini de jouer au golf ?

6. Pourquoi John s'est-il remis à jouer au golf ?

7. A quoi John pensait-il pendant qu'il jouait au golf ?

8. Où l'esprit de John était-il concentré pendant qu'il jouait au golf ?

9. Quand John a-t-il recommencé à jouer au golf ?

10. Qu'a fait John quand il est arrivé sur le terrain de golf ?

Lisboa

Lisboa foi uma cidade que sempre pareceu estar num estado de **fluxo**. Novos edifícios estavam constantemente a subir enquanto os antigos estavam a ser demolidos. As ruas estavam sempre ocupadas com pessoas a entrar e a sair, e o ar enchia-se com o som das obras de **construção.** Era uma cidade que estava sempre a mudar, e parecia que tudo podia acontecer a qualquer momento. Uma manhã, Lisboa acordou para descobrir que todos os novos edifícios tinham desaparecido da noite para o dia. Tinham simplesmente desaparecido **no** ar, deixando para trás apenas lotes vazios e escombros. Ninguém podia explicar o que tinha acontecido, mas **todos** sabiam que algo de estranho se estava a passar em Lisboa. À medida que os dias passavam, mais e mais coisas começavam a desaparecer da cidade. Os carros desapareceram dos parques de estacionamento, as árvores desapareceram dos parques, e até mesmo as pessoas começaram a desaparecer das suas casas. Em breve, Lisboa foi quase **abandonada**; apenas uma mão-cheia de pessoas permaneceu na outrora metrópole de autocarros. Aqueles que ficaram em Lisboa rapidamente perceberam que não estavam sozinhos.

Lisbonne

Lisbonne était une ville qui semblait toujours être en **mouvement**. De nouveaux bâtiments sont constamment construits tandis que les anciens sont démolis. Les rues sont toujours animées par le va-et-vient des gens, et l'air est rempli du bruit des travaux de **construction**. C'était une ville en perpétuel changement, et on avait l'impression que tout pouvait arriver à tout moment. Un matin, Lisbonne s'est réveillée et a constaté que tous les nouveaux bâtiments avaient disparu pendant la nuit. Ils s'étaient tout simplement **volatilisés**, ne laissant derrière eux que des terrains vagues et des décombres. Personne ne pouvait expliquer ce qui s'était passé, mais **tout le monde** savait que quelque chose d'étrange se passait à Lisbonne. Au fil des jours, de plus en plus de choses ont commencé à disparaître de la ville. Les voitures ont disparu des parkings, les arbres des parcs, et même les gens ont commencé à disparaître de chez eux. Très vite, Lisbonne est presque **abandonnée** ; seule une poignée de personnes reste dans cette métropole autrefois en pleine effervescence. Ceux qui sont restés à Lisbonne ont rapidement réalisé qu'ils n'étaient pas seuls.

D'étranges créatures ont commencé à apparaître

Estranhas criaturas começaram a aparecer na cidade,
à espreita nas **sombras** e a observá-las à distância.
Nunca foram vistas de perto, mas todos podiam
sentir os seus olhos nelas em todos os momentos.
As criaturas pareciam estar **à espera** de algo, e as
pessoas de Lisboa sabiam que estavam de alguma
forma ligadas aos desaparecimentos. Não sabiam
o que estas criaturas queriam, mas sabiam que
precisavam de descobrir antes que fosse demasiado
tarde. Um pequeno grupo de almas corajosas decidiu
aventurar-se num dos edifícios abandonados em
busca de respostas. Não faziam ideia do que iriam
encontrar, mas sabiam que tinham de fazer alguma
coisa. Contudo, logo que entraram, perceberam que
havia algo de errado com este **lugar**. O ar era espesso
e pesado, e um silêncio assustador pairava sobre tudo.
Parecia que o próprio tempo tinha parado dentro deste
edifício. Ao explorarem o edifício, o grupo começou
a aperceber-se de que não estavam sozinhos.
Conseguiam sentir algo a observá-los das sombras, e
estava a tornar-se cada vez mais difícil manter a calma.

dans la ville, se cachant dans l'**ombre** et les observant de loin. On ne les voyait jamais de près, mais tout le monde pouvait sentir leurs yeux sur eux à tout moment. Les créatures semblaient **attendre** quelque chose, et les habitants de Lisbonne savaient qu'elles étaient en quelque sorte liées aux disparitions. Ils ne savaient pas ce que ces créatures voulaient, mais ils savaient qu'ils devaient le découvrir avant qu'il ne soit trop tard. Un petit groupe d'âmes courageuses a décidé de **s'aventurer** dans l'un des bâtiments abandonnés à la recherche de réponses. Ils n'avaient aucune idée de ce qu'ils allaient trouver, mais ils savaient qu'ils devaient faire quelque chose. Dès qu'ils sont entrés, cependant, ils ont réalisé que quelque chose ne tournait pas rond dans cet **endroit**. L'air était épais et lourd, et un silence étrange planait sur tout. C'est comme si le temps s'était arrêté dans ce **bâtiment**. En explorant le bâtiment, le groupe a commencé à réaliser qu'il n'était pas seul. Ils pouvaient sentir que quelque chose les observait depuis l'ombre, et il devenait de plus en plus difficile de rester calme.

Questões de compreensão

1. Qual é o nome do protagonista?

2. O que é que o protagonista faz na vida?

3. Qual é o nome do antagonista?

4. O que é que o antagonista faz na vida?

5. Como é que o protagonista se sente em relação ao antagonista?

6. Como é que o antagonista se sente em relação ao protagonista?

7. Qual é o clímax da história?

8. Qual é a resolução da história?

9. Que tema é explorado na história?

10. Qual é o género da história?

Questions de compréhension

1. Quel est le nom du protagoniste ?

2. Quel est le métier du protagoniste ?

3. Quel est le nom de l'antagoniste ?

4. Quel est le métier de l'antagoniste ?

5. Quels sont les sentiments du protagoniste à l'égard de l'antagoniste ?

6. Quels sont les sentiments de l'antagoniste à l'égard du protagoniste ?

7. Quel est le point culminant de l'histoire ?

8. Quelle est la résolution de l'histoire ?

9. Quel thème est exploré dans l'histoire ?

10. Quel est le genre de l'histoire ?

Música de Fado

A primeira vez que ouvi música de fado, fui imediatamente transportado para outro local. Era como se a **voz** do cantor e a melodia da guitarra estivessem a falar directamente para a minha alma. Senti uma profunda ligação à música e sabia que ela teria sempre um lugar especial no meu coração. Desde então, cada vez que ouço música de fado, isso leva-me de volta àquele momento **mágico** em que me apaixonei por ela pela primeira vez. Quer esteja a ouvir uma actuação ao vivo ou simplesmente a transmitir uma canção no meu telefone, a sensação é sempre a mesma: como regressar a casa. Muitas vezes dou comigo a sonhar acordado sobre como seria viver num mundo onde a música de fado é a única coisa que existe. Na minha **mente**, todos sabem tocar guitarra e cantar, e não há outros géneros de música. Os dias são preenchidos com o som das pessoas a fazer serenatas nas praças e parques públicos, e as noites são passadas a **dançar** juntas sob as estrelas. É um sonho bonito, mas que nunca se tornará realidade.

Por agora, contento-me em ouvir música de fado sempre que posso e deixo-a transportar-me para o seu próprio lugar especial. Uma das minhas coisas favoritas é ir a **concertos de** Fado. Há algo na música ao vivo

Musique Fado

La première fois que j'ai entendu de la musique fado, j'ai été instantanément transporté dans un autre endroit. C'était comme si la **voix** du chanteur et la mélodie de la guitare s'adressaient directement à mon âme. J'ai ressenti une connexion profonde avec cette musique et j'ai su qu'elle aurait toujours une place spéciale dans mon cœur. Depuis lors, chaque fois que j'entends du fado, je retrouve ce moment **magique** où je suis tombée amoureuse de cette musique. Que j'écoute un spectacle en direct ou que je regarde simplement une chanson sur mon téléphone, le sentiment est toujours le même : c'est comme rentrer à la maison. Je me surprends souvent à rêver de ce que ce serait de vivre dans un monde où le fado est la seule chose qui existe. Dans mon **esprit**, tout le monde sait jouer de la guitare et chanter, et il n'existe aucun autre genre de musique. Les journées sont remplies du son des gens qui se chantent des sérénades sur les places publiques et dans les parcs, et les nuits se passent à **danser** ensemble sous les étoiles. C'est un beau rêve, mais qui ne deviendra jamais réalité.

Pour l'instant, je me contente d'écouter le fado dès que je le peux et de le laisser me transporter dans un lieu qui lui est propre. L'une de mes activités préférées

que simplesmente não pode ser batido. Adoro sentir a energia da multidão e ver os intérpretes interagirem uns com os outros em **palco**. É sempre uma experiência especial, e que eu aprecio sempre. Lembro-me de um concerto em particular que foi particularmente memorável. O cantor era tão apaixonado e cheio de alma, e o **tocar de** guitarra era simplesmente bonito. Todos na audiência estavam completamente cativados pela música, e parecia que estávamos todos a partilhar algo verdadeiramente **especial**. Nessa noite, apaixonei-me ainda mais pela música de fado e soube que ela teria sempre um lugar no meu coração. Hoje em dia, dou por mim a ouvir cada vez mais a música de fado. Tornou-se a banda sonora da minha vida, e não consigo imaginar viver sem ela. Sempre que preciso de me levantar ou quero relaxar, sei que só preciso de colocar a minha canção de fado favorita e deixar a **magia** acontecer.

Estou tão grato por ter encontrado esta música e estou sempre entusiasmado por partilhá-la com outros. Se nunca ouviu falar de fado antes, peço-lhe que a experimente. Talvez se veja apaixonado por ela, como eu me apaixonei. Num mundo que pode ser tão **caótico** e barulhento, a música de fado é o meu oásis. É a única coisa que me traz sempre paz e que me faz sentir em casa.

est d'aller aux **concerts de** fado. La musique en direct a quelque chose d'inégalable. J'aime sentir l'énergie de la foule et voir les artistes interagir entre eux sur **scène**. C'est toujours une expérience spéciale, que je chéris à chaque fois. Je me souviens d'un concert particulièrement mémorable. Le chanteur était si passionné et mélancolique, et le **jeu de** guitare était tout simplement magnifique. Tout le monde dans le public était complètement captivé par la musique, et nous avions l'impression de partager quelque chose de vraiment **spécial**. Ce soir-là, je suis tombée encore plus amoureuse de la musique fado et j'ai su qu'elle aurait toujours une place dans mon cœur. Aujourd'hui, je me surprends à écouter de plus en plus de musique fado. C'est devenu la bande-son de ma vie, et je ne peux pas imaginer vivre sans elle. Lorsque j'ai besoin d'un remontant ou que je veux me détendre, je sais qu'il me suffit de mettre ma chanson de fado préférée et de laisser la **magie** opérer.

Je suis si reconnaissante d'avoir découvert cette musique et je suis toujours ravie de la **partager** avec d'autres. Si vous n'avez jamais entendu parler du fado, je vous invite à l'essayer. Vous pourriez tomber amoureux de cette musique comme je l'ai fait. Dans un monde qui peut être si **chaotique** et bruyant, le fado est mon oasis. C'est la seule chose qui m'apporte toujours la paix et me fait me sentir chez moi.

Questões de compreensão

1. Qual é a sensação da autora na primeira vez que ouviu música de fado?

2. O autor pensa que a música de fado é o único género de música?

3. O que é que a autora faz quando quer relaxar?

4. Como é que a autora pensa que seria a sua vida sem música de fado?

5. O que pensa o autor da música ao vivo?

6. O que pensa a autora sobre o concerto de fado a que assistiu?

7. O que pensa o autor do cantor e do guitarrista no concerto de fado?

8. O que pensa o autor sobre a multidão no concerto de fado?

9. O que pensa o autor da música de fado em geral?

10. O que pensa a autora que o futuro reserva para ela e para a música de fado?

Questions de compréhension

1. Quel est le sentiment de l'auteur la première fois qu'elle a entendu la musique Fado ?

2. L'auteur pense-t-il que le fado est le seul genre de musique ?

3. Que fait l'auteur quand elle veut se détendre ?

4. Comment l'auteur pense-t-elle que sa vie serait sans la musique du fado ?

5. Que pense l'auteur de la musique en direct ?

6. Que pense l'auteur du concert de fado auquel elle a assisté ?

7. Que pense l'auteur du chanteur et du guitariste lors du concert de fado ?

8. Que pense l'auteur de la foule au concert de fado ?

9. Que pense l'auteur de la musique du fado en général ?

10. Selon l'auteur, que lui réserve l'avenir, à elle et à la musique fado ?

Futebol

O jogo de futebol tem sido sempre uma **paixão** minha. Eu observava horas e horas de jogos, esperando ansiosamente pela minha vez de jogar. Quando finalmente chegou a hora, fiquei extasiado. Coloquei as minhas chuteiras e pisei o campo com **borboletas** no estômago. O apito soou e o jogo começou. Percebi rapidamente que isto não era como ver de lado; era muito mais intenso. A outra equipa vinha até nós com toda a força, e nós estávamos a lutar para nos acompanhar. De repente, alguém chutou a **bola** na minha direcção, e tudo parecia abrandar. Sem pensar, reagi instintivamente e chutei-a de volta antes que alguém a pudesse roubar de mim. Soube bem poder contribuir para o esforço da nossa equipa, e em breve, estávamos à frente por um golo, graças ao meu remate de **sorte**!

Aguentámos até o apito final e celebrámos juntos a nossa **vitória** - algo que nunca esquecerei. À medida que os anos foram passando, o meu amor pelo futebol só se tornou mais forte. Continuei a jogar e a aperfeiçoar as minhas capacidades, sonhando um dia em tornar-me um **jogador** profissional. Os meus pais apoiavam os meus sonhos e levavam-me frequentemente a assistir aos jogos no estádio. Um dia,

Football

Le football a toujours été une de mes **passions**. Je regardais des heures et des heures de matchs, attendant avec impatience mon tour de jouer. Quand le moment est enfin arrivé, j'étais aux anges. J'ai mis mes crampons et je suis entré sur le terrain avec des **papillons** dans l'estomac. Le coup de sifflet retentit et le match commence. Je me suis vite rendu compte que ce n'était pas comme regarder depuis les lignes de côté ; c'était beaucoup plus intense. L'autre équipe nous attaquait de plein fouet et nous avions du mal à suivre. Soudain, quelqu'un a envoyé le **ballon** vers moi, et tout a semblé se ralentir. Sans réfléchir, j'ai réagi instinctivement et j'ai renvoyé le ballon avant que quelqu'un puisse me le voler. Cela m'a fait du bien de pouvoir contribuer à l'effort de notre équipe, et très vite, nous avons pris l'avantage d'un but grâce à mon tir **chanceux** !

Nous avons tenu bon jusqu'au coup de sifflet final et avons célébré notre **victoire** ensemble - quelque chose que je n'oublierai jamais. Au fil des années, mon amour du football n'a fait que croître. J'ai continué à jouer et à affiner mes compétences, rêvant de devenir un jour un **joueur** professionnel. Mes parents me soutenaient dans mes rêves et m'emmenaient souvent voir des

de repente, recebi uma chamada de um olheiro que me tinha visto jogar. Ele disse-me que eu tinha **potencial** e convidou-me a vir experimentar para a sua equipa. Era uma oportunidade única na vida e eu não podia dizer não. Fiz as malas e despedi-me da minha **família**, sem saber quando ou se alguma vez os voltaria a ver. As provas foram difíceis, mas consegui impressionar os olheiros o suficiente para ganhar um lugar na **equipa**. A partir de então, a minha vida mudou para sempre.

Hoje em dia, o futebol é mais do que apenas um jogo para mim; é o meu sustento. Como parte de uma equipa em ascensão na Europa, viajamos por todo o continente, competindo contra alguns dos melhores **jogadores** do mundo. É um trabalho exigente mas também incrivelmente gratificante, especialmente quando ganhamos! Os nossos adeptos também são espantosos; aparecem sempre em massa sempre que temos um jogo, independentemente do local onde este está a decorrer. Uma das melhores coisas de ser jogador de futebol profissional é que posso viajar para tantos lugares diferentes. Tive a **sorte** de ver algumas paisagens incríveis e conhecer muitas pessoas interessantes de todos os estilos de vida. O futebol abriu-me verdadeiramente o mundo de formas que nunca poderia ter **imaginado**. Olhando para trás, é difícil **de acreditar** o quão longe cheguei desde aqueles primeiros dias a jogar futebol no meu **quintal**.

matchs au stade. Un jour, à l'improviste, j'ai reçu un appel d'un recruteur qui m'avait vu jouer. Il m'a dit que j'avais **du potentiel** et m'a invité à venir faire un essai dans son équipe. C'était l'occasion d'une vie et je n'ai pas pu refuser. J'ai fait mes valises et j'ai dit au revoir à ma **famille**, sans savoir si je les reverrais un jour. Les essais ont été difficiles, mais j'ai réussi à impressionner suffisamment les recruteurs pour obtenir une place dans l'**équipe**. À partir de ce moment-là, ma vie a changé à jamais.

Aujourd'hui, le football est plus qu'un simple jeu pour moi ; c'est mon gagne-pain. Au sein d'une équipe européenne en plein essor, nous parcourons tout le continent pour affronter certains des meilleurs **joueurs** du monde. C'est un travail exigeant mais aussi incroyablement gratifiant, surtout quand nous gagnons ! Nos supporters sont également extraordinaires ; ils viennent toujours en masse à chaque fois que nous avons un match, quel que soit le lieu où il se déroule. L'un des avantages d'être footballeur professionnel, c'est que j'ai la possibilité de voyager dans de nombreux endroits différents. J'ai eu la **chance de** voir des sites extraordinaires et de rencontrer des gens intéressants de tous horizons. Le football m'a vraiment ouvert le monde d'une manière que je n'aurais jamais pu **imaginer**. Avec le recul, j'ai du mal à **croire** tout le chemin parcouru depuis les premiers jours où je jouais au football dans mon **jardin**.

Questões de compreensão

1. O que foi sempre uma paixão do autor?

2. Quando é que o autor finalmente chegou a jogar futebol?

3. O que é que o autor percebeu quando pisou no campo?

4. Como é que o autor se sentiu quando chutaram a bola de volta?

5. O que é que os pais do autor fizeram para apoiar os seus sonhos?

6. Qual foi o resultado das provas do autor?

7. O que é agora o futebol mais do que para o autor?

8. Qual é uma das melhores coisas em ser um jogador de futebol profissional?

9. O que é que o futebol se abriu para o autor?

10. Qual é o sonho do autor?

Questions de compréhension

1. Quelle a toujours été la passion de l'auteur ?

2. Quand l'auteur a-t-il enfin pu jouer au football ?

3. Qu'est-ce que l'auteur a réalisé lorsqu'il est entré sur le terrain ?

4. Qu'a ressenti l'auteur lorsqu'il a renvoyé le ballon ?

5. Que faisaient les parents de l'auteur pour soutenir ses rêves ?

6. Quel a été le résultat des essais de l'auteur ?

7. Qu'est-ce que le football représente le plus pour l'auteur maintenant ?

8. Quel est l'un des meilleurs aspects du métier de footballeur professionnel ?

9. Qu'est-ce que le football a ouvert à l'auteur ?

10. Quel est le rêve de l'auteur ?

Na praia

Após o nascer do sol, as ondas são mais altas e a areia acima da maré é branca. Desço para a praia, **admirando** o mar e o sol. Os meus dedos dos pés sentem os sulcos das conchas. A areia está fria nos meus dedos dos pés. Sorrio e continuo. A maré está alta, por isso tenho de ter cuidado para não ser puxado para dentro. Caminho ao longo da borda da água, admirando o mar. O nascer do sol é **lindo**, e as ondas estão a bater. Sinto-me tão tranquilo. Chego a um local onde há um afloramento de rochas. Sento-me e observo as ondas. A água é tão azul e o céu é tão **alaranjado**. Sinto-me como se estivesse num sonho. Fecho os olhos e ouço apenas as ondas. Sentei-me ali durante muito tempo, até ouvir alguém a chamar pelo meu nome.

Abro os meus olhos e vejo a minha mãe a caminhar na minha direcção. Ela tem um olhar preocupado no seu rosto. Eu sorrio e aceno, e ela **relaxa**. "Estava a perguntar-me para onde foi", diz ela. "Ainda bem que estás a gostar da praia". Eu respondo: "Estou". "É tão bonito aqui". "Eu sei", diz ela. "Costumava vir aqui muitas vezes quando tinha a tua idade". "A sério?" pergunto eu. "Sim", responde ela. "É um lugar especial". "Alguma vez conheceu alguém especial

A la plage

Après le lever du soleil, les vagues sont plus fortes et le sable au-dessus de la marée est blanc. Je marche jusqu'à la plage, **admirant** la mer et le soleil. Mes orteils sentent les rainures des coquillages. Le sable est froid sur mes orteils. Je souris et je continue. La marée est haute, alors je dois faire attention à ne pas me laisser entraîner. Je marche le long du bord de l'eau, en admirant la mer. Le lever du soleil est **magnifique**, et les vagues s'écrasent. Je me sens si paisible. J'arrive à un endroit où il y a un affleurement rocheux. Je m'assieds et je regarde les vagues. L'eau est si bleue et le ciel est si **orange**. J'ai l'impression d'être dans un rêve. Je ferme les yeux et je me contente d'écouter les vagues. Je suis restée assise pendant un long moment, jusqu'à ce que j'entende quelqu'un m'appeler.

J'ouvre les yeux et je vois ma mère marcher vers moi. Elle a un air inquiet sur le visage. Je souris et je lui fais signe, et elle **se détend**. "Je me demandais où tu étais allée", dit-elle. "Je suis contente que tu profites de la plage." Je réponds : "J'en profite." "C'est tellement beau ici." "Je sais", dit-elle. "Je venais ici tout le temps quand j'avais ton âge." "Vraiment ?" Je demande. "Ouais", répond-elle. "C'est un endroit spécial." "As-tu déjà rencontré quelqu'un de spécial ici ?" Je demande. "Oui",

aqui?" pergunto eu. "Conheci", responde ela com um sorriso. "O teu pai". "A sério?" **surpreendido"**. "Sim", diz ela. "Costumávamos vir aqui sempre juntos. Foi aqui que nos apaixonámos. "Sorrio, **imaginando** os meus pais a apaixonarem-se nesta bela praia. "É um lugar especial", repete ela. "Estou contente por teres vindo aqui hoje".

Ficamos ali sentados durante mais algum tempo, **observando** as ondas e o pôr-do-sol. Depois levantamo-nos e voltamos a pé para as nossas toalhas de praia. Deitei-me e olhei para as estrelas. Sinto-me tão feliz e contente. As ondas estão mais altas agora, e a areia está fria. O sol está a pôr-se e uma brisa fresca está a soprar. As ondas estão a bater contra a costa, e o cheiro a sal está no ar. É uma noite perfeita para estar na praia. Estou a caminhar ao longo da costa, a **ouvir** o som das ondas e a ver o pôr-do-sol. Vejo um grupo de pessoas sentadas na areia, a rir e a brincar. Parecem estar a divertir-se imenso. Caminho até elas e pergunto se me posso juntar a elas. Eles dizem que sim, e passamos o resto da noite a falar, a rir, e a ver o **pôr-do-sol**. É uma noite perfeita. O grupo e eu conversamos até o pôr-do-sol. Partilhamos histórias e piadas, e todos nos divertimos imenso.

répond-elle avec un sourire. "Ton père." "Vraiment ?" Je dis, **surpris**. "Oui," dit-elle. "Nous avions l'habitude de venir ici tout le temps ensemble. C'est là que nous sommes tombés amoureux. " Je souris, **imaginant** mes parents tombant amoureux sur cette magnifique plage. " C'est un endroit spécial ", répète-t-elle. "Je suis contente que tu sois venu ici aujourd'hui."

Nous restons assis là un moment de plus, à **regarder** les vagues et le coucher de soleil. Puis nous nous levons et retournons à nos serviettes de plage. Je m'allonge et regarde les étoiles. Je me sens si heureuse et satisfaite. Les vagues sont plus fortes maintenant, et le sable est froid. Le soleil se couche et une brise fraîche souffle. Les vagues s'écrasent sur le rivage et l'odeur du sel flotte dans l'air. C'est une soirée parfaite pour être à la plage. Je me promène le long du rivage, en **écoutant le** bruit des vagues et en regardant le coucher du soleil. Je vois un groupe de personnes assises sur le sable, qui rient et plaisantent. Ils ont l'air de passer un bon moment. Je m'approche d'eux et leur demande si je peux les rejoindre. Ils acceptent et nous passons le reste de la soirée à parler, à rire et à regarder le **coucher de soleil**. C'est une soirée parfaite. Le groupe et moi parlons jusqu'au coucher du soleil. Nous partageons des histoires et des blagues, et nous passons tous un bon moment.

Questões de compreensão

1. Para onde vai a narradora depois de acordar?

2. O que é que a narradora admira enquanto caminha ao longo da praia?

3. O que é que a narradora tem de ter em atenção enquanto caminha ao longo da praia?

4. Onde é que o narrador se senta para apreciar a vista?

5. Quanto tempo é que o narrador fica aí sentado?

6. Quem é que a narradora vê quando volta a abrir os olhos?

7. O que diz a mãe do narrador?

8. De que falam a narradora e as pessoas que ela conhece?

Questions de compréhension

1. Où va la narratrice après son réveil ?

2. Qu'est-ce que la narratrice admire en marchant le long de la plage ?

3. De quoi la narratrice doit-elle se méfier lorsqu'elle marche le long de la plage ?

4. Où le narrateur s'assoit-il pour profiter de la vue ?

5. Combien de temps le narrateur reste-t-il assis là ?

6. Qui la narratrice voit-elle lorsqu'elle ouvre à nouveau les yeux ?

7. Que dit la mère du narrateur ?

8. De quoi parlent la narratrice et les personnes qu'elle rencontre ?

Acampamento no lago

Caminho em direcção ao lago, **admirando** a tranquilidade da cena. O sol está a bater no pequeno lago, fazendo com que a água pareça uma folha de vidro. O único movimento é a ondulação ocasional de um peixe a **partir da** superfície. Até os pássaros parecem estar a fazer uma pausa do calor, com apenas o som das cigarras a encher o ar. **De repente,** a paz é quebrada por um forte salpico. Um grande **peixe** saltou da água, tentando apanhar uma libélula. O peixe falha o seu alvo e cai de novo na água com um salpico. "Uau", penso para mim, "foi um peixe grande!". Olhei à minha volta para ver se mais alguém o viu, mas não havia ninguém por perto. Acho que vou ter de lhes dizer quando voltar ao acampamento.

O calor é **opressivo**, o que dificulta a respiração. O ar é espesso e pesado, como um cobertor enrolado à sua volta. O único alívio está na água. É fresco e refrescante, como uma bebida fria num dia quente. Respira-se fundo e mergulha-se na água. O relevo é imediato, pois a água fria rodeia-me. Nado até ao fundo e depois volto à superfície, sentindo a água refrescar o meu corpo. Continuo a **nadar** às voltas, aproveitando a pausa do calor. Passado algum tempo,

Camping au lac

Je me dirige vers le lac, **admirant** la tranquillité de la scène. Le soleil tape sur le petit lac, faisant ressembler l'eau à une feuille de verre. Le seul mouvement est l'ondulation occasionnelle d'un poisson **brisant la** surface. Même les oiseaux semblent prendre une pause de la chaleur, avec seulement le son des cigales remplissant l'air. **Soudain**, la paix est rompue par un grand plouf. Un gros **poisson** a sauté hors de l'eau, essayant d'attraper une libellule. Le poisson rate sa cible et retombe dans l'eau avec un plouf. "Wow," je me dis, "c'était un gros poisson !". J'ai regardé autour de moi pour voir si quelqu'un d'autre l'avait vu, mais il n'y avait personne. Je suppose que je devrai leur dire quand je rentrerai au camp.

La chaleur est **oppressante**, il est difficile de respirer. L'air est épais et lourd, comme une couverture qui vous enveloppe. Le seul soulagement est dans l'eau. Elle est fraîche et rafraîchissante, comme une boisson fraîche par une journée chaude. Je prends une profonde inspiration et je plonge dans l'eau. Le soulagement est immédiat car l'eau fraîche m'entoure. Je nage jusqu'au fond, puis remonte à la surface, sentant l'eau refroidir mon corps. Je continue à **faire** des longueurs, appréciant le répit de la chaleur. Après un moment,

saio da água e deito-me na relva, deixando o sol secar o meu corpo. Fecho os olhos e deixo-me adormecer, o som das **cigarras** a embalar-me num sono profundo. Deixo o sol cozer a água da minha pele. Posso sentir a minha pele a ficar vermelha, mas não me importo. Estou demasiado quente para me preocupar. A próxima coisa que sei é que o sol está a pôr-se. O céu é uma bela laranja, com listras de rosa e roxo. O calor desapareceu, substituído por uma **brisa** fresca.

Levanto-me e volto a vestir-me, sentindo-me refrescado e rejuvenescado. **Respiro** fundo o ar fresco e sorrio. Sinto-me bem por estar vivo. Volto a pé para o acampamento, admirando a forma como as cores dançam no céu. Vejo a fogueira a arder ao longe, e sinto o cheiro do fumo no ar. Sorrio e **acelero** o meu ritmo. Estou pronto para relaxar e apreciar o resto da minha noite. Entro no parque de campismo e vejo que todos estão reunidos à volta da fogueira. Estão a **rir** e a brincar, e consigo ver a fogueira a reflectir-se nos seus olhos. Sorrio e sento-me ao lado dos meus amigos. É bom estar de volta. Na manhã seguinte, acordo cedo e começo a arrumar as minhas coisas. Estou ansioso por voltar ao trilho e continuar a minha viagem. Digo adeus aos meus amigos e começo a afastar-me. Ao caminhar, dou uma última vista de olhos ao **acampamento**. Vejo o fogo ainda a arder à distância, e sinto o cheiro do fumo no ar. Sorrio e acelero o meu ritmo. Estou pronto para continuar a minha **viagem**.

je sors de l'eau et je m'allonge sur l'herbe, laissant le soleil sécher mon corps. Je ferme les yeux et m'endors, le son des **cigales** me berce dans un profond sommeil. Je laisse le soleil faire sortir l'eau de ma peau. Je sens que ma peau devient rouge, mais je m'en moque. J'ai trop chaud pour m'en soucier. La prochaine chose que je sais, c'est que le soleil se couche. Le ciel est d'un bel orange, avec des traces de rose et de violet. La chaleur a disparu, remplacée par une **brise** fraîche.

Je me lève et me rhabille, me sentant rafraîchie et rajeunie. Je **respire** profondément l'air frais et je souris. C'est bon d'être en vie. Je retourne au camping, en admirant la façon dont les couleurs dansent dans le ciel. Je peux voir le feu de camp qui brûle au loin et je peux sentir la fumée dans l'air. Je souris et j'**accélère le** pas. Je suis prête à me détendre et à profiter du reste de ma soirée. J'entre dans le camping et je vois que tout le monde est rassemblé autour du feu. Ils **rient** et plaisantent, et je peux voir le feu se refléter dans leurs yeux. Je souris et m'assieds à côté de mes amis. C'est bon d'être de retour. Le lendemain matin, je me réveille tôt et je commence à préparer mes affaires. J'ai hâte de retourner sur le sentier et de poursuivre mon voyage. Je dis au revoir à mes amis et commence à m'éloigner. En marchant, je jette un dernier regard sur le **camping**. Je peux voir le feu qui brûle toujours au loin et je peux sentir la fumée dans l'air. Je souris et j'accélère le pas. Je suis prêt à poursuivre mon **voyage**.

Questões de compreensão

1. Para onde vai o andarilho?

2. Que tipo de tempo é este?

3. Como é que é a água?

4. Como é que o andarilho reage ao calor?

5. O que é que o peixe está a fazer?

6. Porque é que o andarilho está sozinho?

7. Como é que se sente a água?

8. Como é que o caminhante se sente depois de nadar?

9. Que hora do dia é quando o andarilho acorda?

10. Para onde vai o caminhante quando deixa o acampamento?

Questions de compréhension

1. Où va le marcheur ?

2. Quel temps fait-il ?

3. À quoi ressemble l'eau ?

4. Comment le marcheur réagit-il à la chaleur ?

5. Que fait le poisson ?

6. Pourquoi le marcheur est-il seul ?

7. Quelle est la sensation de l'eau ?

8. Comment le marcheur se sent-il après avoir nagé ?

9. A quelle heure de la journée le déambulateur se réveille-t-il ?

10. Où va le marcheur quand il quitte le camp ?

A Casa

Mudei-me para a minha nova casa na semana passada, e estou tão **entusiasmado**! É muito maior do que a minha antiga, e tem um grande quintal. Mal posso esperar para receber os meus amigos para churrascos e festas. A minha parte **favorita** é o meu novo quarto. É tão grande e brilhante, e eu tenho muito espaço para colocar todas as minhas coisas. Estou realmente feliz com a minha nova casa e penso que serei muito feliz aqui. Decidi explorar a casa um pouco mais. Subi para o segundo andar e comecei a abrir caminho para a cozinha quando vi uma grande aranha negra na parede! Gritei e desci as escadas a correr. Fiquei tão **assustado**! Mas passados alguns minutos, acalmei-me e decidi voltar ao andar de cima. Fui lentamente para a cozinha e vi que a aranha tinha desaparecido. Fiquei tão aliviada! Voltei lá para baixo e decidi ir lá para fora explorar o **quintal**. Era tão grande! Não pude acreditar. Vi um baloiço no canto e um escorrega. Vi também uma rede de basquetebol e um **trampolim**. Estava tão entusiasmado!

Mal posso esperar para usar todo este novo material. Os **vizinhos** apareceram e apresentaram-se. Pareciam muito simpáticos, e falámos durante algum tempo. Eles convidaram-me para o seu churrasco no próximo fim-de-semana, e eu disse que adoraria ir. Tive uma

La Maison

J'ai emménagé dans ma nouvelle maison la semaine dernière, et je suis si **excitée** ! Elle est tellement plus grande que l'ancienne, et elle a un grand jardin. J'ai hâte d'inviter des amis pour des barbecues et des fêtes. Ce que je **préfère,** c'est ma nouvelle chambre. Elle est si grande et lumineuse, et j'ai beaucoup d'espace pour mettre toutes mes affaires. Je suis très contente de ma nouvelle maison et je pense que je serai très heureuse ici. J'ai décidé d'explorer un peu plus la maison. Je suis monté au deuxième étage et j'ai commencé à me diriger vers la cuisine quand j'ai vu une grosse araignée noire sur le mur ! J'ai crié et j'ai couru en bas. J'avais tellement **peur** ! Mais après quelques minutes, je me suis calmée et j'ai décidé de retourner à l'étage. J'ai lentement fait mon chemin vers la cuisine et j'ai vu que l'araignée était partie. J'étais tellement soulagée ! Je suis redescendu et j'ai décidé de sortir pour explorer le **jardin**. Elle était si grosse ! Je n'arrivais pas à y croire. J'ai vu une balançoire dans le coin et un toboggan. J'ai aussi vu un filet de basket et un **trampoline**. J'étais tellement excitée!

J'ai hâte d'utiliser tous ces nouveaux trucs. Les **voisins** sont venus et se sont présentés. Ils avaient l'air très gentils, et nous avons parlé un moment. Ils m'ont invité à leur barbecue le week-end prochain, et j'ai dit que j'aimerais beaucoup venir. J'ai passé une excellente

óptima primeira semana na minha nova casa, e estou entusiasmado com todas as novas aventuras que se avizinham. Hoje, vou explorar novamente no quintal e ver o que mais posso encontrar. Quem sabe, talvez até encontre algum **tesouro**. Mal posso esperar para ver o que a próxima semana traz! Na semana seguinte, fui explorar no quintal outra vez, e encontrei um jardim **secreto.** Era tão bonito! Havia flores por todo o lado e um pequeno lago com peixes dentro. Também vi um baloiço que nunca tinha visto antes. Estava tão entusiasmado por encontrar este jardim secreto, e mal posso esperar para o explorar mais. Era tão **bonito!**

Havia flores por todo o lado e um pequeno lago com peixes dentro. Também vi um conjunto de **baloiço** que nunca tinha visto antes. Estava tão entusiasmado por encontrar este jardim secreto, e mal posso esperar para o explorar mais. Também adorei o meu novo quarto. Era tão grande e brilhante, e já havia cartazes das minhas bandas favoritas nas paredes. Nem sequer tive de trazer nenhum dos meus próprios **móveis** porque já havia aqui uma cama, uma cómoda e uma secretária. Este vai ser o melhor ano de sempre! Estava um pouco nervoso por começar numa nova **escola**, mas todos os meus novos vizinhos têm sido tão simpáticos. Até conheci uma rapariga que vive aqui ao lado, e ela diz que vai comigo para a escola no meu primeiro dia.

première semaine dans ma nouvelle maison et j'ai hâte de vivre toutes les nouvelles aventures qui m'attendent. Aujourd'hui, je vais encore aller explorer le jardin et voir ce que je peux trouver d'autre. Qui sait, peut-être vais-je même trouver un **trésor**. J'ai hâte de voir ce que la semaine prochaine nous réserve ! La semaine suivante, je suis retourné explorer le jardin et j'ai trouvé un jardin **secret**. C'était tellement beau ! Il y avait des fleurs partout et un petit étang avec des poissons dedans. J'ai aussi vu une balançoire que je n'avais jamais vue auparavant. J'étais si excitée de trouver ce jardin secret, et j'ai hâte de l'explorer davantage. C'était tellement **beau** !

Il y avait des fleurs partout et un petit étang avec des poissons dedans. J'ai aussi vu une **balançoire** que je n'avais jamais vue auparavant. J'étais si excitée de trouver ce jardin secret, et j'ai hâte de l'explorer davantage. J'ai aussi adoré ma nouvelle chambre. Elle était si grande et lumineuse, et il y avait déjà des posters de mes groupes préférés sur les murs. Je n'ai même pas eu besoin d'apporter mes propres **meubles** car il y avait déjà un lit, une commode et un bureau. Ça va être la meilleure année de ma vie ! J'étais un peu nerveux à l'idée de commencer dans une nouvelle **école**, mais tous mes nouveaux voisins ont été si gentils. J'ai même rencontré une fille qui habite à côté et elle m'a dit qu'elle m'accompagnerait à l'école le premier jour.

Questões de compreensão

1. Onde vive a pessoa?

2. Como é que a pessoa gosta na casa nova?

3. Qual é a parte favorita da pessoa na nova casa?

4. O que é que a pessoa encontrou no jardim?

5. Quem são os vizinhos?

6. Como se sentiram os primeiros dias da pessoa na nova casa?

7. Qual é a parte favorita da pessoa na nova sala?

8. O que é que a pessoa planeia fazer amanhã?

9. Qual foi a melhor parte da primeira semana da pessoa na nova casa?

10. O que é tudo no novo quarto da pessoa?

Questions de compréhension

1. Où vit la personne ?

2. Comment la personne se sent-elle dans sa nouvelle maison ?

3. Quelle est la partie de la nouvelle maison que la personne préfère ?

4. Qu'est-ce que la personne a trouvé dans le jardin ?

5. Qui sont les voisins ?

6. Comment se sont passés les premiers jours de la personne dans sa nouvelle maison ?

7. Quelle est la partie de la nouvelle pièce que la personne préfère ?

8. Qu'est-ce que la personne prévoit de faire demain ?

9. Quelle a été la meilleure partie de la première semaine de la personne dans sa nouvelle maison ?

10. Qu'y a-t-il dans la nouvelle chambre de la personne ?

No comboio

Corri para a estação de comboios, mas cheguei demasiado tarde. O comboio já tinha partido sem mim. Senti-me tão **zangado** e **desapontado** comigo mesmo. Tinha planeado apanhar o comboio para visitar os meus avós que vivem no campo, mas agora teria de esperar uma hora inteira pelo próximo comboio. Em vez disso, decidi passear pela cidade durante algum tempo e tentei esquecer a minha oportunidade perdida. Enquanto caminhava, comecei a **sonhar acordado** sobre todos os lugares que os **comboios** vos podem levar. De repente, já não estava tão aborrecido. Voltei para a estação e não pude deixar de reparar na grande locomotiva vermelha, branca e azul que se aproximava de mim. Só quando vejo o **maquinista a** acenar-me da janela é que percebo que este comboio é para mim. Embarco no comboio e encontro o meu lugar, instalando-me para o que promete ser uma longa viagem.

Quando saímos da estação, não posso deixar de me perguntar para onde este comboio me levará. Através de **campos** de verde e sobre rios azuis, passando também por montanhas e vales, não há como saber para onde este velho comboio irá. À medida que a noite começa a cair, vou à deriva para um sono

Dans le train

J'ai couru jusqu'à la gare, mais c'était trop tard. Le train était déjà parti sans moi. Je me suis sentie tellement **en colère** et **déçue** de moi-même. J'avais prévu de prendre le train pour rendre visite à mes grands-parents qui vivent à la campagne, mais maintenant je devais attendre le prochain train pendant une heure entière. J'ai décidé de me promener un peu dans la ville à la place et j'ai essayé d'oublier cette occasion manquée. En marchant, j'ai commencé à **rêver à** tous les endroits où le **train** peut vous emmener. Soudain, je n'étais plus aussi contrariée. Je suis retourné dans la gare et je n'ai pu m'empêcher de remarquer la grande locomotive rouge, blanche et bleue qui se dirigeait vers moi. Ce n'est que lorsque je vois le **conducteur** me faire signe par la fenêtre que je réalise que ce train est pour moi. Je monte dans le train et trouve mon siège, m'installant pour ce qui promet d'être un long voyage.

Alors que nous sortons de la gare, je ne peux m'empêcher de me demander où ce train va m'emmener. À travers des **champs** verts et des rivières bleues, en passant par des montagnes et des vallées, on ne sait pas où ce vieux train va aller. À la tombée de la nuit, je m'endors **paisiblement**, bercé par le mouvement **rythmique** des wagons sur les rails en contrebas. Quand le matin revient, j'ouvre les yeux

tranquilo, embalado pelo movimento **rítmico** dos vagões nos carris abaixo. Quando a manhã volta, abro os olhos para descobrir que chegámos a uma pequena cidade, algures no meio do nada. O sol está apenas a espreitar o horizonte à medida que os habitantes locais começam a moer na Rua Principal; parece que em qualquer outro dia aqui, excepto numa coisa - há uma grande placa afixada perto da Câmara Municipal que diz "Bem-vindo a bordo! Parece que esta pequena cidade tem estado à nossa espera, apesar de sermos apenas um comboio comum de **passageiros** que passa no nosso caminho para outro lado. Ao deixarmos a cidade para trás, mais uma vez, a remexer em direcção a quem sabe onde será o próximo, sorrio a todas as carinhas amigas acenando adeus daquelas casinhas aninhadas no meio **da quinta -** é realmente espantoso como algo tão aparentemente vulgar pode trazer tanta alegria simplesmente ao passar por aqui. E depois, é claro, há as **crianças**.

Inclino-me para fora da janela da minha locomotiva. Fazem-me sempre sentir tão feliz com os seus olhos brilhantes e os seus grandes sorrisos. Acenei-lhes com energia antes de regressar à minha **cabina** e de me sentar. Já foi um longo dia, mas ainda não acabou; ainda faltam algumas horas para chegarmos ao nosso **destino** final. Puxo o meu livro e começo a ler, deixando que o embalar rítmico do comboio me acalme num estado de paz.

pour constater que nous sommes arrivés dans une petite ville quelque part au milieu de nulle part. Le soleil pointe à peine à l'horizon et les habitants commencent à s'agiter dans la rue principale ; c'est un jour comme les autres ici, à l'exception d'une chose : il y a un grand panneau près de l'hôtel de ville qui dit "Bienvenue à bord". Il semble que cette petite ville nous attendait, même si nous ne sommes qu'un train de **voyageurs** ordinaire qui passe par là pour aller ailleurs. Alors que nous laissons la ville derrière nous une fois de plus, en direction d'on ne sait où, je souris à tous les visages amicaux qui nous saluent depuis ces petites maisons nichées au milieu des **terres agricoles - c**'est vraiment étonnant de voir comment quelque chose d'apparemment si ordinaire peut apporter tant de joie simplement en passant par là. Et puis, bien sûr, il y a les **enfants**.

Je me penche par la fenêtre de ma locomotive. Ils me rendent toujours si heureux avec leurs yeux brillants et leurs grands sourires. Je leur fais un signe de la main énergique avant de retourner dans ma **cabine** et de m'asseoir. La journée a déjà été longue, mais elle n'est pas encore terminée ; il reste encore quelques heures avant d'atteindre notre **destination** finale. Je sors mon livre et commence à lire, laissant le balancement rythmique du train me bercer dans un état paisible.

Questões de compreensão

1. Para onde vai o comboio?

2. Quem viaja no comboio?

3. Quando parte o comboio?

4. Como é que o protagonista entra no comboio?

5. De onde vem o comboio?

6. Para onde vai o comboio a seguir?

7. Quando chegaram os passageiros?

8. Como é que o protagonista se sente quando perde o comboio?

9. Como é que o maquinista do comboio reage quando vê o protagonista?

10. Porque é que o protagonista gosta de comboios?

Questions de compréhension

1. Où va le train ?

2. Qui voyage dans le train ?

3. Quand le train part-il ?

4. Comment le protagoniste monte-t-il dans le train ?

5. D'où vient le train ?

6. Où le train va-t-il ensuite ?

7. Quand les passagers sont-ils arrivés ?

8. Que ressent le protagoniste lorsqu'il rate le train ?

9. Comment le conducteur du train réagit-il lorsqu'il voit le protagoniste ?

10. Pourquoi le protagoniste aime-t-il les trains ?

Jantar de Culinária

São agora 17 horas e estou a caminho de casa do trabalho. Estou **ansioso** por ter uma noite calma em casa com o meu parceiro. Vamos cozinhar o jantar juntos e depois relaxar durante o resto da noite.
É bom saber que não tenho quaisquer planos ou obrigações esta **noite**. Chego a casa e o meu parceiro já está na cozinha, a começar a preparar o nosso jantar. O cheiro aqui dentro é **incrível**! Conversamos enquanto cozinhamos, conversando sobre os dias um do outro e partilhando pequenas histórias da nossa vida profissional. A cozinha é o meu quarto preferido no nosso apartamento. Adoro cozinhar, e adoro especialmente cozinhar com o meu parceiro. Sempre nos divertimos tanto aqui, rindo e brincando enquanto cozinhamos uma tempestade. Além disso, a comida é sempre **incrível** quando trabalhamos **em conjunto**.

Esta noite, estamos a fazer uma das minhas receitas favoritas de todos os tempos: Parmesão de **galinha. O** meu parceiro começa por fazer o frango enquanto eu fico com o molho a ferver no **fogão**. Trabalhamos juntos como uma máquina bem oleada, e em pouco tempo, o jantar está pronto a servir. Sentamo-nos à nossa pequena mesa de cozinha com **pratos** bem servidos com parmesão de galinha, massa e salada. Batemos

Cuisiner le dîner

Il est 17 heures et je rentre à pied du travail. J'ai **hâte** de passer une soirée tranquille à la maison avec mon partenaire. Nous allons préparer le dîner ensemble et nous détendre pour le reste de la nuit. C'est agréable de savoir que je n'ai aucun projet ni aucune obligation ce **soir**. J'arrive à la maison et mon partenaire est déjà dans la cuisine, en train de préparer notre dîner. Ça sent **très bon** ici ! Nous bavardons tout en cuisinant, prenant des nouvelles de nos journées respectives et partageant des petites histoires de nos vies professionnelles. La cuisine est ma pièce préférée dans notre appartement. J'adore cuisiner, et j'aime particulièrement cuisiner avec mon partenaire. Nous passons toujours un bon moment ici, à rire et à plaisanter pendant que nous cuisinons. De plus, la nourriture est toujours **incroyable** lorsque nous travaillons **ensemble**.

Ce soir, nous faisons l'une de mes recettes préférées : le **poulet au** parmesan. Mon partenaire commence par paner le poulet pendant que je fais mijoter la sauce sur la **cuisinière**. Nous travaillons ensemble comme une machine bien huilée, et en peu de temps, le dîner est prêt à être servi. Nous nous asseyons à notre petite table de cuisine avec des **assiettes** remplies de poulet

os copos e damos a nossa primeira dentada - e é **celestial**! O frango é estaladiço por fora mas suculento por dentro; o molho é saboroso e perfeito; a massa é cozinhada al dente... tudo tem um sabor absolutamente perfeito esta noite. Ambos sabemos que esta foi uma daquelas noites em que tudo se juntou na perfeição enquanto **saboreávamos** até à última dentada da nossa deliciosa refeição. Sabia ainda melhor do que cheirava - o que era bastante bom! Terminamos a nossa refeição relativamente depressa, pois nenhum de nós está particularmente esfomeado hoje em dia, mas demoramos o nosso tempo a saborear mais uns **copos** de vinho enquanto conversamos levemente sobre este e aquele tópico. Depois do jantar, limpamos rapidamente juntos e depois mudamo-nos para a sala de estar, onde passamos algum tempo **a abraçar-nos** no sofá enquanto vemos televisão.

É tão agradável estar perto um do outro depois de um longo dia de **trabalho** separado. Sinto-me contente. Apesar de não termos tido uma noite agitada, foi agradável passar algum tempo juntos sem ter de sair de casa. Vimos um filme e fomos para a cama cedo, sentindo-nos **satisfeitos** com a nossa simples noite dentro. Isto tornou-se uma das nossas coisas **preferidas** nas noites em que não queremos sair - apenas relaxar em casa e desfrutar da companhia um do outro em vez de uma refeição caseira.

au parmesan, de pâtes et de salade. Nous faisons tinter les verres et prenons notre première bouchée - et c'est **divin** ! Le poulet est croustillant à l'extérieur mais juteux à l'intérieur ; la sauce est savoureuse et parfaite ; les pâtes sont cuites al dente... tout a un goût absolument parfait ce soir. Nous savons tous les deux que c'était l'une de ces nuits où tout s'est parfaitement réuni alors que nous **savourons** chaque bouchée de notre délicieux repas. Le goût était encore meilleur que l'odeur, qui était sacrément bonne ! Nous terminons notre repas assez rapidement car aucun de nous n'a particulièrement faim aujourd'hui, mais nous prenons notre temps en dégustant quelques **verres** de vin supplémentaires tout en discutant légèrement de tel ou tel sujet. Après le dîner, nous nettoyons rapidement ensemble et passons au salon, où nous passons un moment à **nous câliner** sur le canapé en regardant la télévision.

C'est tellement agréable d'être près l'un de l'autre après une longue journée de **travail** séparé. Je me sens satisfaite. Même si la soirée n'a pas été très animée, c'était agréable de passer du temps ensemble sans avoir à quitter la maison. Nous avons regardé un film et nous nous sommes couchés tôt, **satisfaits** de notre simple soirée. C'est devenu l'une de nos activités **préférées** les soirs où nous n'avons pas envie de sortir - se détendre à la maison et profiter de la compagnie de l'autre autour d'un repas fait maison.

Questões de compreensão

1. De onde vem o narrador?

2. O que é que o narrador faz depois do trabalho?

3. O que é que o narrador come ao jantar?

4. Porque é que o narrador gosta da cozinha?

5. Que tipo de prato é que o casal cozinha?

6. Como é que o narrador se sente no final da noite?

7. Qual é a coisa favorita do casal?

8. O que é que o casal faz quando se cansa?

9. Onde é que dormem?

10. Porque é que o narrador gosta de ficar em casa?

Questions de compréhension

1. D'où vient le narrateur ?

2. Que fait le narrateur après le travail ?

3. Que mange le narrateur pour le dîner ?

4. Pourquoi le narrateur aime-t-il la cuisine ?

5. Quel genre de plat le couple cuisine-t-il ?

6. Que ressent le narrateur à la fin de la soirée ?

7. Quelle est l'activité préférée du couple ?

8. Que fait le couple quand il est fatigué ?

9. Où dorment-ils ?

10. Pourquoi le narrateur aime-t-il rester à la maison ?

Caminhando para casa

Foi uma noite **tranquila** quando regressava a casa a pé do trabalho. Enquanto caminhava, não pude deixar de sorrir para as memórias. Senti-me bem por estar de volta ao meu antigo bairro. Acenei a algumas pessoas que conhecia, e elas acenaram de volta. Era bom estar em casa. Passei pela minha antiga escola e **lembrei-me de** todos os bons momentos que tive com os meus amigos. Íamos sempre a pé para casa juntos e falávamos do nosso dia. **Por vezes** parávamos para comer um gelado ou íamos para o parque. Esses eram os melhores tempos. Sentia saudades desses tempos. Mas agora tenho a minha própria família e estou feliz com a minha vida. Estou feliz por poder olhar para trás e sorrir. Fazem parte da minha vida que sempre acarinharei. Esses foram os melhores tempos. Tenho saudades desses tempos. Mas agora tenho a minha própria família e estou feliz com a minha vida. Estou feliz por poder olhar para trás e sorrir. Fazem parte da minha vida que sempre acarinharei.

Continuo a caminhar, pensando nos bons momentos que tive com os meus amigos. Sei que os verei novamente em breve. Dirijo-me para a minha casa e decido caminhar por um parque próximo. O sol está a pôr-se e o céu está a ficar de uma **bela** cor laranja.

Walking Home

C'était une nuit **paisible** alors que je rentrais du travail. En marchant, je ne pouvais m'empêcher de sourire aux souvenirs. C'était bon d'être de retour dans mon ancien quartier. J'ai salué quelques personnes que je connaissais, et elles m'ont salué en retour. C'était bon d'être chez soi. Je suis passé devant mon ancienne école et je **me suis souvenu de** tous les bons moments que j'ai passés avec mes amis. On rentrait toujours ensemble à la maison et on parlait de notre journée. **Parfois,** on s'arrêtait pour acheter une glace ou aller au parc. C'était les meilleurs moments. Ces moments me manquent. Mais maintenant, j'ai ma propre famille et je suis heureuse de ma vie. Je suis heureux de pouvoir repenser à ces souvenirs et de sourire. Ils font partie de ma vie et je les chérirai toujours. C'était les meilleurs moments. Ils me manquent. Mais maintenant, j'ai ma propre famille et je suis heureux de ma vie. Je suis heureux de pouvoir repenser à ces **souvenirs** et de sourire. Ils font partie de ma vie et je les chérirai toujours.

Je continue à marcher, en pensant aux bons moments que j'ai passés avec mes amis. Je sais que je les reverrai bientôt. Je me dirige vers ma maison et décide de me promener dans un parc à proximité. Le soleil se

O parque está vazio, excepto por alguns pássaros a chilrear nas árvores. **Respiro** fundo e sorrio. À medida que caminho pelo parque, vejo uma estrela cadente a atravessar o céu. Fiz um desejo sobre essa estrela, e continuei a caminhar. Penso no meu dia de trabalho e em como foi **tranquilo.** Sorrio para mim próprio, pensando na sorte que tenho em ter um trabalho tão bom. Caminho para casa, **sentindo** o ar fresco da noite na minha pele. Sinto-me tão vivo e feliz, apenas a desfrutar do simples acto de caminhar para casa numa noite tranquila.

Senti-me tão bem, que comecei a **assobiar**. Passei por algumas pessoas na rua, mas todos eles estavam a cuidar dos seus próprios assuntos.

Virei a esquina para a minha rua e vi o gato do meu vizinho, o Sr. Whiskers, sentado no meu alpendre. Cumprimentei-o e ele miau de volta. **Destranquei a** minha porta e fui para dentro. Estava tão feliz por estar em casa. Tirei os meus sapatos e preparei-me para dormir. Fui para a cama nessa noite, sentindo-me feliz e grato, o meu coração cheio de amor. Dormi profundamente durante a noite, sem me preocupar com nada. Acordei de um sono descansado e fui **saudado** pelo sol a brilhar pela minha janela. Saí da cama e estiquei-me, respirando fundo e sentindo o ar fresco a encher-me os pulmões.

couche et le ciel prend une **belle** couleur orange. Le parc est vide, à l'exception de quelques oiseaux qui gazouillent dans les arbres. Je prends une profonde **inspiration** et je souris. Alors que je marche dans le parc, je vois une étoile filante traverser le ciel. J'ai fait un vœu sur cette étoile et j'ai continué à marcher. Je pense à ma journée de travail et au **calme qui** y régnait. Je souris à moi-même, en pensant à la chance que j'ai d'avoir un si bon travail. Je rentre chez moi, en **sentant** l'air frais de la nuit sur ma peau. Je me sens si vivante et heureuse, profitant du simple fait de rentrer chez moi par une nuit paisible. Je me sentais si bien que j'ai commencé à **siffler**. Je suis passé devant quelques personnes dans la rue, mais elles s'occupaient toutes de leurs affaires.

J'ai tourné le coin de ma rue et j'ai vu le chat de mon voisin, M. Whiskers, assis sur mon porche. Je lui ai dit bonjour et il miaulait en retour. J'ai **déverrouillé** ma porte et je suis entrée. J'étais si heureuse d'être chez moi. J'ai enlevé mes chaussures et me suis préparée pour aller me coucher. Je me suis couchée ce soir-là, heureuse et reconnaissante, le cœur plein d'amour. J'ai dormi profondément toute la nuit, sans me soucier de rien. Je me suis réveillée d'un sommeil réparateur et j'ai été **accueillie** par le soleil qui brillait à travers ma fenêtre. Je suis sorti du lit et me suis étiré, prenant une profonde inspiration et sentant l'air frais remplir mes poumons.

Questões de compreensão

1. O que estava o protagonista a fazer quando a história começou?

2. Em que pensava o protagonista quando regressava a casa?

3. O que fazia o protagonista com os amigos depois das aulas?

4. O que é que o protagonista sente a falta desses tempos?

5. O que pensa o protagonista sobre a sua vida actual?

6. O que é que o protagonista faz quando vê uma estrela cadente?

7. Como é que o protagonista se sente quando caminha para casa?

8. O que é que o protagonista faz quando chega a casa?

9. Como é que o protagonista se sente quando acorda na manhã seguinte?

Questions de compréhension

1. Que faisait le protagoniste au début de l'histoire ?

2. À quoi le protagoniste a-t-il pensé en rentrant chez lui ?

3. Qu'est-ce que le protagoniste avait l'habitude de faire avec ses amis après l'école ?

4. Qu'est-ce que le protagoniste regrette de cette époque ?

5. Que pense le protagoniste de sa vie actuelle ?

6. Que fait le protagoniste lorsqu'il voit une étoile filante ?

7. Que ressent le protagoniste lorsqu'il rentre à pied chez lui ?

8. Que fait le protagoniste lorsqu'il rentre chez lui ?

9. Que ressent le protagoniste lorsqu'il se réveille le lendemain matin ?

O castelo

A família sempre quis visitar um velho castelo na **Alemanha**, e finalmente fizeram a viagem. Não ficaram **desapontados**. O castelo era bonito, e eles gostaram de explorar os seus muitos quartos e corredores. A primeira coisa que os atingiu foi o cheiro. Encontraram **bolor**, humidade, e outra coisa em que não conseguiam pôr o dedo. A segunda coisa era o som. As paredes de pedra são grossas, mas não matam completamente o som. Ouviram cada passo, cada palavra pronunciada com uma voz normal, e o gotejar ocasional de água **algures** ao longe. À medida que os seus olhos se ajustaram à luz fraca, viram paredes de pedra maciças a surgir à sua volta, tapeçarias penduradas nelas em farrapos **esfarrapados.** Estavam de pé num enorme salão com um tecto alto sustentado por pilares esculpidos. Também adoraram as vistas das torres, e as crianças divertiram-se imenso a correr à volta do terreno. O **sol** tinha começado a pôr-se quando acabaram de explorar o castelo, e lamentaram não terem trazido uma **lanterna.** Decidiram regressar à entrada, mas depressa se viram perdidos. Vaguearam durante o que lhes pareceu horas, até que finalmente se depararam com uma porta que conduzia para fora. Continuaram até **chegar** ao fim do corredor e chegaram a um conjunto imponente de

Le château

La famille avait toujours voulu visiter un vieux château en **Allemagne**, et elle a finalement fait le voyage. Ils n'ont pas été **déçus**. Le château était magnifique, et ils ont pris plaisir à explorer ses nombreuses pièces et couloirs. La première chose qui les frappe est l'odeur. Ils ont trouvé de la **moisissure**, de l'humidité et quelque chose d'autre qu'ils n'ont pas réussi à identifier. La deuxième chose a été le son. Les murs de pierre sont épais, mais ils n'étouffent pas complètement le son. Ils ont entendu chaque pas, chaque mot prononcé d'une voix normale, et le goutte-à-goutte occasionnel de l'eau **quelque part** au loin. Lorsque leurs yeux se sont adaptés à la faible lumière, ils ont vu des murs de pierre massifs se dresser tout autour d'eux, des tapisseries en **lambeaux y étant** suspendues. Ils se tenaient dans un immense hall avec un haut plafond soutenu par des piliers sculptés. Ils ont également aimé les vues depuis les tourelles, et les enfants ont eu beaucoup de plaisir à courir dans le parc. Le **soleil** avait commencé à se coucher lorsqu'ils ont fini d'explorer le château, et ils ont regretté de ne pas avoir apporté de **lampe de poche**. Ils ont décidé de retourner à l'entrée, mais ils se sont vite perdus. Ils errent pendant des heures, jusqu'à ce qu'ils trouvent enfin une porte qui mène à l'extérieur. Ils ont continué jusqu'à ce qu'ils **atteignent le** bout du

portas duplas. Por mais que tentassem, as portas não cediam. Balançam **sinistramente**, mas não se movem um centímetro. Parecia que quem esteve aqui antes devia ter passado por aqui e trancou-as por dentro. Eventualmente, eles encontram uma saída. O alívio passou por cima deles quando saíram para o ar fresco da noite.

O sol tinha começado a pôr-se, e **lamentaram** não terem trazido uma lanterna. Decidiram regressar à entrada, mas depressa se viram perdidos. Vaguearam durante o que lhes pareceu horas, até que finalmente se depararam com uma porta que conduzia para **fora**. O alívio passou por cima deles quando saíram para o ar fresco da noite. Na noite seguinte, certificaram-se de levar consigo uma lanterna enquanto exploravam o resto do castelo. Caminharam através do **pátio** e desceram até ao rio que corria atrás das muralhas do **castelo.** Enquanto caminhavam, começaram a ouvir ruídos estranhos. Parecia que alguém os estava a seguir. Aceleraram o seu ritmo, mas os ruídos tornaram-se mais altos e mais próximos. A família correu de volta ao castelo o mais depressa que pôde, e ficaram aliviados ao ver que a figura do manto **escuro** não os tinha seguido.

couloir et arrivent à une imposante série de doubles
portes. Ils ont beau essayer, les portes ne bougent pas.
Elles cliquettent **sinistrement** mais ne bougent pas
d'un pouce. On dirait que celui qui était ici avant a dû
passer par là et les verrouiller de l'intérieur. Finalement,
ils ont trouvé un moyen de sortir. Le soulagement les
envahit alors qu'ils sortent dans l'air frais de la nuit.

Le soleil avait commencé à se coucher, et ils
regrettaient de ne pas avoir apporté de lampe de
poche. Ils ont décidé de retourner à l'entrée, mais ils
se sont vite perdus. Ils ont erré pendant ce qui leur a
semblé être des heures, jusqu'à ce qu'ils trouvent enfin
une porte qui menait à **l'extérieur**. Le soulagement
les a envahis alors qu'ils sortaient dans l'air frais de la
nuit. Le lendemain soir, ils ont pris soin d'emporter une
lampe de poche pour explorer le reste du château. Ils
ont traversé la **cour** et sont descendus jusqu'à la rivière
qui coulait derrière les murs du **château**. Alors qu'ils se
promenaient, ils ont commencé à entendre des bruits
étranges. On aurait dit que quelqu'un les suivait. Ils
accélèrent le pas, mais les bruits deviennent plus forts
et plus proches. Les membres de la famille courent
vers le château aussi vite qu'ils le peuvent, et ils sont
soulagés de voir que la silhouette au manteau **sombre**
ne les a pas suivis.

Questões de compreensão

1. O que é que a família fez quando se perdeu no castelo?

2. Como se sentiu a família quando souberam que era apenas um homem local?

3. O que fez o homem que o levou a ser preso?

4. Qual foi a sentença para o homem?

5. Que barulho ouviu a família enquanto caminhava?

6. Onde estava a figura com o manto escuro quando a família o viu?

7. O que fez a família quando voltou para o seu quarto?

8. Quando é que a família foi explorar novamente o castelo?

9. Em que é que a família não conseguia pôr o dedo na ferida?

10. O que fez a família antes de voltar a explorar o castelo?

Questions de compréhension

1. Qu'a fait la famille lorsqu'elle s'est perdue dans le château ?

2. Comment la famille s'est-elle sentie quand elle a découvert que c'était juste un homme du coin ?

3. Qu'a fait l'homme qui a été arrêté ?

4. Quelle a été la sentence pour cet homme ?

5. Quel bruit la famille a-t-elle entendu pendant qu'elle marchait ?

6. Où était le personnage au manteau sombre quand la famille l'a vu ?

7. Qu'a fait la famille en rentrant dans sa chambre ?

8. Quand la famille est-elle repartie explorer le château ?

9. Quelle était la chose sur laquelle la famille n'arrivait pas à mettre le doigt ?

10. Qu'a fait la famille avant de retourner explorer le château ?

O Meu Jardim

O meu jardim é o meu lugar feliz. Vou lá todos os dias, chover ou brilhar, e passo tempo a cuidar das minhas plantas. Tenho um pouco de **tudo - vegetais**, frutos, flores, ervas. Tenho até algumas galinhas que ajudam a manter as pragas à distância. Começo os meus dias no jardim, recolhendo ovos das galinhas. Depois verifico os meus vegetais, certificando-me de que estão a receber água e sol suficientes. Colho os canteiros e apanho quaisquer insectos que possam estar **a atacar** as plantas. Depois de **tudo estar tratado**, sento-me e desfruto da paz e sossego da natureza.

Sempre adorei passar tempo no meu jardim. Há algo em estar rodeado pela natureza e por toda a **beleza que** ela tem para oferecer. Acho que é um lugar muito pacífico e calmante. Muitas vezes passo tempo no meu jardim apenas a relaxar e a apreciar a paisagem. Também gosto de trabalhar no meu jardim e de cultivar coisas. Tenho um jardim de muito bom tamanho, e gosto de cultivar uma variedade de coisas **diferentes** no mesmo. Cultivo flores, **vegetais** e ervas aromáticas. Também tenho algumas árvores de fruto que produzem algumas deliciosas maçãs, pêras e ameixas. Para além de cultivar coisas, também gosto de passar tempo apenas a passear pelo meu jardim, **admirando** todas

Mon jardin

Mon jardin est mon coin de paradis. J'y vais tous les jours, qu'il pleuve ou qu'il vente, et je passe du temps à m'occuper de mes plantes. J'ai un peu de **tout :** **légumes**, fruits, fleurs, herbes. J'ai même quelques poules qui m'aident à tenir les parasites à distance. Je commence mes journées dans le jardin en ramassant les œufs des poules. Puis je vérifie que mes légumes reçoivent suffisamment d'eau et de soleil. Je désherbe les plates-bandes et j'élimine les insectes qui pourraient **attaquer** les plantes. Une fois que **tout est** fait, je m'assois et je profite de la paix et du calme de la nature.

J'ai toujours aimé passer du temps dans mon jardin. Il y a quelque chose dans le fait d'être entouré par la nature et toute la **beauté qu'**elle a à offrir. Je trouve que c'est un endroit très paisible et apaisant. Je passe souvent du temps dans mon jardin à me détendre et à profiter du paysage. J'aime aussi travailler dans mon jardin et faire pousser des choses. J'ai un jardin d'assez bonne taille et j'aime y faire pousser toutes **sortes** de choses. Je fais pousser des fleurs, des **légumes** et des herbes aromatiques. J'ai aussi quelques arbres fruitiers qui produisent de délicieuses pommes, poires et prunes. En plus de faire pousser des choses, j'aime aussi passer du temps à me promener dans mon jardin,

as diferentes plantas e animais que lhe chamam casa. Tenho passado muitas horas ao longo dos anos a trabalhar para tornar o meu **jardim** num local que não só é bonito como também funcional. Gosto de ver os pássaros a voar e de os ouvir cantar. Por vezes até trago um livro e leio no jardim enquanto rodeado por toda a beleza que criei. **A jardinagem** é a minha paixão e traz-me tanta alegria. Todos os dias no meu jardim é um bom dia.

Uma das coisas que adoro fazer é cozinhar, por isso ter um jardim de ervas bem abastecido é muito **importante** para mim. Tomilho, manjericão, orégãos, alecrim, salva, e alfazema são apenas algumas das ervas que gosto de cultivar no meu jardim para poder usá-las ao cozinhar refeições para mim ou para os **hóspedes.** Outra coisa que é importante para mim quando se trata do meu jardim é ter a certeza de que há muita cor em todo ele. Para atingir este objectivo, cultivo uma grande variedade de flores, incluindo **rosas**, lírios, margaridas, tulipas, impacientes, calêndulas, etc. Para além de acrescentar cor com flores, também gosto de acrescentar interesse, utilizando diferentes **texturas** em todo o jardim. Por exemplo, posso plantar samambaias debaixo de girassóis ou hostas **ao lado de** gramíneas ornamentais pontiagudas. Não importa o que mais possa estar a acontecer na vida, trabalhar no meu jardim **consegue** sempre ajudar-me a sentir-me mais ligado à natureza e em paz comigo mesmo.

à **admirer** toutes les plantes et tous les animaux qui y vivent. J'ai passé de nombreuses heures au fil des ans à faire de mon **jardin** un endroit non seulement beau mais aussi fonctionnel. J'aime regarder les oiseaux voltiger et les écouter chanter. Parfois, je sors même un livre et je lis dans le jardin, entourée de toute la beauté que j'ai créée. Le **jardinage** est ma passion et il m'apporte tant de joie. Chaque jour dans mon jardin est un bon jour.

L'une des choses que j'aime faire, c'est cuisiner. Il est donc très **important pour moi d'**avoir un jardin d'herbes aromatiques bien garni. Le thym, le basilic, l'origan, le romarin, la sauge et la lavande sont quelques-unes des herbes que j'aime faire pousser dans mon jardin pour pouvoir les utiliser lorsque je prépare des repas pour moi ou pour mes **invités**. Une autre chose qui est importante pour moi quand il s'agit de mon jardin, c'est de m'assurer qu'il y a beaucoup de couleurs dans tout le jardin. Pour atteindre cet objectif, je cultive une grande variété de fleurs, notamment des **roses**, des lys, des marguerites, des tulipes, des impatiens, des soucis, etc. En plus d'ajouter de la couleur avec les fleurs, j'aime aussi ajouter de l'intérêt en utilisant différentes **textures** dans le jardin. Par exemple, je peux planter des fougères sous des tournesols imposants ou des hostas à **côté de** graminées ornementales hérissées.

Questões de compreensão

1. Onde está o jardim do autor?

2. Quantas galinhas tem o autor?

3. O que faz o autor no jardim todos os dias?

4. Porque é que o autor gosta do jardim?

5. Que ervas plantam o autor no jardim?

6. Porque é importante para o autor que haja muitas cores no seu jardim?

7. Como é que o autor traz variedade ao seu jardim?

8. Como é que o autor se sente quando trabalha no seu jardim?

9. O que faz o autor sentir-se ligado quando está no seu jardim?

10. Porque é que todos os dias no jardim do autor é um bom dia?

Questions de compréhension

1. Où se trouve le jardin de l'auteur ?

2. Combien de poulets l'auteur possède-t-il ?

3. Que fait l'auteur dans le jardin tous les jours ?

4. Pourquoi l'auteur aime-t-il le jardin ?

5. Quelles herbes l'auteur plante-t-il dans le jardin ?

6. Pourquoi est-il important pour l'auteur qu'il y ait beaucoup de couleurs dans son jardin ?

7. Comment l'auteur apporte-t-il de la variété à son jardin?

8. Que ressent l'auteur lorsqu'il travaille dans son jardin?

9. Qu'est-ce qui fait que l'auteur se sent connecté quand il est dans son jardin ?

10. Pourquoi chaque jour dans le jardin de l'auteur est-il un bon jour ?

Ir às compras

Adoro ir às **compras** no centro comercial. É sempre tão divertido passear e olhar para todas as diferentes lojas. Há algo para todos no centro comercial, e é sempre um óptimo local para encontrar ofertas de roupas, sapatos e acessórios. **Normalmente** começo a minha viagem de compras caminhando pela **entrada** principal do centro comercial. De lá, dirijo-me primeiro às minhas lojas favoritas. Depois de olhar através dessas lojas, vou dar uma volta e ver se há vendas noutros locais. Normalmente acabo por passar algumas horas no centro comercial antes de finalmente fazer as minhas compras. Gosto sempre de me demorar nas compras **porque** quero ter a certeza de que estou a receber **exactamente** o que quero. Além disso, é apenas mais divertido assim!

Acho sempre tão **fascinante** para as pessoas assistir enquanto estou no centro comercial. Pode-se realmente dizer muito sobre uma pessoa pela forma como ela faz compras. Algumas pessoas são muito metódicas e levam o seu tempo, enquanto outras parecem apenas agarrar **o que** podem e dirigir-se para a caixa o mais rápido possível. Há também aqueles compradores que parecem mais interessados em falar ao telemóvel ou enviar mensagens de texto do que

Faire du shopping

J'adore aller **faire du shopping** au centre commercial.
C'est toujours très amusant de se promener et de
regarder tous les différents magasins. Il y en a pour
tous les goûts au centre commercial et c'est toujours
l'endroit idéal pour faire des affaires sur les vêtements,
les chaussures et les accessoires. Je commence
généralement mon shopping en passant par l'**entrée**
principale du centre commercial. De là, je me dirige
d'abord vers mes magasins préférés. Après avoir
fait le tour de ces magasins, je me promène pour
voir s'il y a des soldes dans d'autres endroits. Je
finis généralement par passer quelques heures dans
le centre commercial avant de faire mes achats.
J'aime toujours prendre mon temps lorsque je fais du
shopping, **car** je veux être sûre d'obtenir **exactement**
ce que je veux. En plus, c'est plus amusant comme ça !

Je trouve toujours **fascinant** d'observer les gens
quand je suis au centre commercial. On peut vraiment
en apprendre beaucoup sur une personne par sa
façon de faire ses courses. Certaines personnes sont
très méthodiques et prennent leur temps, tandis que
d'autres semblent prendre **tout ce qu'**elles peuvent
et se diriger vers la caisse aussi vite que possible. Il
y a aussi les acheteurs qui semblent plus intéressés

realmente olhar para qualquer uma das mercadorias! Não importa que tipo de comprador seja, no entanto, todos parecem gostar de comprar à janela - mesmo que não comprem realmente nada. Há apenas algo em olhar para todas as coisas bonitas nas **montras da** loja que me faz feliz. Por vezes fantasio sobre como seria se pudesse pagar **tudo o que** vejo! Em suma, passar um dia a fazer compras no centro comercial é um dos meus passatempos favoritos. É uma óptima maneira de relaxar e descontrair enquanto também faço um pouco de exercício (se andar por aí o suficiente). Além disso, é **sempre** bom tratarmo-nos de vez em quando com uma camisa ou um par de sapatos novos!

Tive um **longo** dia de trabalho e finalmente tive algum tempo para mim, por isso decidi ir às compras no centro comercial. Precisava de algumas roupas novas para a **próxima** estação. Assim que entrei, vi todas as luzes brilhantes e frentes de loja brilhantes. Dirigi-me primeiro à minha loja favorita e comecei a folhear as prateleiras. Encontrei alguns tops giros e experimentei-os no camarim. Enquanto me olhava ao espelho, ouvi alguém a entrar no **camarim** ao lado do meu. Reconheci a sua voz como um dos meus colegas de trabalho.

à parler au téléphone portable ou à envoyer des SMS qu'à regarder la marchandise ! Quel que soit le type d'acheteur, tout le monde semble apprécier le lèche-vitrine, même si vous n'achetez rien. Il y a quelque chose qui me rend heureuse dans le fait de regarder toutes ces jolies choses dans les **vitrines des magasins**. Parfois, je m'imagine comment ce serait si je pouvais m'offrir **tout ce que** je vois ! En fin de compte, passer une journée à faire du shopping au centre commercial est l'un de mes passe-temps favoris. C'est un excellent moyen de se détendre et de se relaxer tout en faisant un peu d'exercice (si vous marchez suffisamment). Et puis, c'est **toujours** agréable de s'offrir une nouvelle chemise ou une nouvelle paire de chaussures de temps en temps !

J'ai eu une **longue** journée de travail et j'ai enfin eu du temps pour moi, alors j'ai décidé d'aller faire du shopping au centre commercial. J'avais besoin de nouveaux vêtements pour la saison **à venir**. Dès que je suis entrée, j'ai vu toutes les lumières vives et les façades brillantes des magasins. Je me suis dirigée vers mon magasin préféré en premier et j'ai commencé à parcourir les rayons. J'ai trouvé quelques jolis hauts et les ai essayés dans la cabine d'essayage. Alors que je me regardais dans le miroir, j'ai entendu quelqu'un entrer dans la cabine d'**essayage** à côté de la mienne. J'ai reconnu sa voix comme étant celle d'un de mes collègues de travail.

Questões de compreensão

1. Onde gosta mais de armazenar?

2. Qual é a sua loja preferida no centro comercial?

3. Quanto tempo costuma ficar no centro comercial?

4. O que pensa das pessoas que passam muito tempo no centro comercial?

5. Qual é a sua coisa favorita a fazer no centro comercial?

6. Já alguma vez comprou alguma coisa no centro comercial quando não precisava realmente dela?

7. Como reage quando vê algo no centro comercial que realmente gostaria, mas que é demasiado caro?

8. Alguma vez viu algo no centro comercial e perguntou-se quem o iria comprar?

9. Qual é a sua opinião sobre as pessoas que estão ocupadas com os seus telemóveis no centro comercial em vez de olharem para as lojas?

Questions de compréhension

1. Où aimez-vous le plus stocker ?

2. Quel est votre magasin préféré dans le centre commercial ?

3. Combien de temps restez-vous habituellement au centre commercial ?

4. Que pensez-vous des personnes qui passent beaucoup de temps au centre commercial ?

5. Quelle est votre activité préférée au centre commercial ?

6. Avez-vous déjà acheté quelque chose au centre commercial alors que vous n'en aviez pas vraiment besoin ?

7. Comment réagissez-vous lorsque vous voyez au centre commercial un article que vous aimeriez vraiment, mais qui est trop cher ?

8. Avez-vous déjà vu quelque chose au centre commercial en vous demandant qui l'achèterait ?

9. Que pensez-vous des personnes qui sont occupées avec leur téléphone portable dans les centres commerciaux au lieu de regarder les magasins ?

No Mercado

Acordo cedo no sábado de manhã, ansioso por chegar ao **mercado** antes que este fique demasiado lotado. Atiro algumas roupas e saio pela porta, agarrando os meus sacos reutilizáveis no caminho. À medida que caminho, começo a planear o que quero fazer para a semana que se avizinha. Sei que quero **assar** vegetais pelo menos uma vez, por isso terei de comprar alguns vegetais de boa qualidade. Também quero fazer uma sopa ou um guisado, por isso também vou precisar de comprar alguma carne. Terei de ver o que parece bom quando lá chegar. O mercado está apenas a alguns quarteirões de distância, e já posso ver as bancas montadas e as **pessoas** a moer por aí.

Chego ao mercado e dirijo-me directamente para a banca de vegetais. A selecção é linda, e encho os meus sacos com uma variedade de produtos **frescos.** Converso um pouco com o agricultor, e ele recomenda-me algumas receitas. Estou entusiasmado por experimentá-las. Converso com os **agricultores** enquanto faço compras, conhecendo-os e aos seus produtos. Depois de ter todos os legumes que preciso, passo à secção de carne. Estou um pouco mais hesitante aqui, pois não tenho a certeza do que quero obter. Acabo por decidir sobre o frango porque é versátil e pode ser utilizado numa variedade de pratos. Também compro alguns cortes diferentes de carne,

Au marché

Je me réveille tôt le samedi matin, impatiente de me rendre au **marché** avant qu'il ne soit trop fréquenté. Je m'habille et je sors, en prenant mes sacs réutilisables en chemin. En marchant, je commence à planifier ce que je veux faire pour la semaine à venir. Je sais que je veux faire **rôtir des** légumes au moins une fois, donc je vais devoir acheter des légumes de bonne qualité. Je veux aussi faire une soupe ou un ragoût, et je vais donc devoir acheter de la viande. Je verrai bien ce qui me semble bon quand je serai sur place. Le marché n'est qu'à quelques rues d'ici, et je vois déjà les étals installés et les **gens qui** s'agitent.

J'arrive au marché et me dirige directement vers le stand des légumes. La sélection est magnifique, et je remplis mes sacs d'une variété de produits **frais**. Je discute un peu avec le fermier et il me recommande quelques recettes. J'ai hâte de les essayer. Je discute avec les **agriculteurs** pendant que je fais mes courses, pour apprendre à les connaître et à connaître leurs produits. Après avoir acheté tous les légumes dont j'ai besoin, je passe à la section des viandes. Je suis un peu plus hésitante, car je ne suis pas sûre de ce que je veux acheter. J'opte finalement pour du poulet, car il est polyvalent et peut être utilisé dans de nombreux plats. J'achète également quelques morceaux de viande différents, en veillant à prendre du bœuf nourri

certificando-me de obter carne de vaca alimentada com
erva e **frango** ao ar livre. O carniceiro era um homem
amigável, sempre alegre apesar das longas horas de
trabalho. Ele embrulhou os meus peitos de frango e
bife antes de me falar dos seus planos para o fim-de-
semana. Despedi-me dele e continuei o meu caminho.
Também peguei em alguns ovos e queijo da secção de
lacticínios.

O mercado estava agitado com pessoas, todas elas
ansiosas por deitar **as mãos** aos produtos frescos e à
carne que estavam à venda. O ar era espesso com o
cheiro de alho e cebola, e o som do riso e da conversa
enchia o ar. Fiz o meu caminho através da multidão,
escolhendo os outros artigos de que precisava para
a minha loja semanal. Enchi o meu **cesto** com fruta
e legumes, massa e pão, antes de me dirigir para a
caixa. A fila era longa, mas moveu-se rapidamente.
Finalmente, foram compradas as últimas **mercearias**,
e estava na hora de ir para casa. O carro foi carregado,
e a viagem para casa foi longa e aborrecida. O trânsito
estava pesado e o calor era opressivo. Finalmente, o
carro foi puxado para a entrada e o relevo era palpável.
A casa estava fresca e tranquila, e era um refúgio
depois da **azáfama** do mercado. Tudo foi arrumado, e a
casa logo voltou à sua paz e sossego habituais. Tinha
tudo o que precisava para fazer algumas **deliciosas**
refeições para mim e para a minha família. Era bom
estar em casa.

à l'herbe et du **poulet** élevé en plein air. Le boucher est un homme sympathique, toujours de bonne humeur malgré ses longues heures de travail. Il a emballé mes blancs de poulet et mon steak avant de me parler de ses projets pour le week-end. Je lui ai dit au revoir et j'ai continué mon chemin. J'ai également acheté des œufs et du fromage au rayon produits laitiers.

Le marché grouille de gens, tous impatients de mettre la **main sur les** produits frais et la viande proposés. L'odeur de l'ail et des oignons flottait dans l'air, et le son des rires et des conversations était omniprésent. Je me suis frayé un chemin dans la foule, en choisissant les autres articles dont j'avais besoin pour mes courses de la semaine. J'ai rempli mon **panier** de fruits et légumes, de pâtes et de pain, avant de me diriger vers la caisse. La file d'attente est longue, mais elle avance rapidement. Enfin, j'ai acheté les dernières **provisions et il est** temps de rentrer à la maison. La voiture est chargée, et le chemin du retour est long et fastidieux. La circulation est dense et la chaleur est accablante. Enfin, la voiture se gare dans l'allée et le soulagement est palpable. La maison était fraîche et calme, et c'était un havre de paix après l'**agitation** du marché. Tout a été rangé, et la maison a rapidement retrouvé sa tranquillité habituelle. J'avais tout ce dont j'avais besoin pour préparer de **délicieux** repas pour moi et pour ma famille. C'était bon d'être chez soi.

Questões de compreensão

1. Para onde vai a pessoa?

2. O que é que a pessoa quer comprar?

3. Quantos sacos é que a pessoa tem?

4. A que distância está o mercado?

5. O que é que a pessoa está a fazer neste momento?

6. O que está tudo no mercado?

7. Quantas pessoas se encontram no mercado?

8. Quanto tempo demorou a pessoa a comprar tudo?

9. Como é que a pessoa regressou a casa?

10. O que é que a pessoa fez quando chegou a casa?

Questions de compréhension

1. Où va la personne ?

2. Que veut acheter la personne ?

3. Combien de sacs la personne possède-t-elle ?

4. A quelle distance se trouve le marché ?

5. Que fait la personne en ce moment ?

6. Que se passe-t-il sur le marché ?

7. Combien y a-t-il de personnes sur le marché ?

8. Combien de temps a-t-il fallu à la personne pour tout acheter ?

9. Comment la personne est-elle rentrée chez elle ?

10. Qu'a fait la personne en rentrant chez elle ?

Num Café

Era uma manhã fria de **Outono**, e eu tinha combinado encontrar-me com a minha amiga Lily no nosso café preferido para um café. Embrulhei-me quente no meu casaco e lenço e parti. As folhas estavam a cair das árvores e o ar tinha um beliscão, mas o sol brilhava e prometia ser um belo dia. Enquanto caminhava, **pensei** em como era bom ter uma amiga como a Lily. Tínhamos sido amigos durante anos, desde que nos conhecemos na **universidade**. Tivemos laços por causa do nosso amor pelo café e por passar tempo a conversar em cafés. Apesar de vivermos agora em diferentes partes da cidade, ainda assim conseguimos encontrar-nos para tomar café uma vez por semana. Cheguei ao café, e Lily já estava lá, à minha espera. Abraçámo-nos e depois encomendámos os nossos cafés. Encontrámos uma mesa junto à janela e instalámo-nos para conversar. O **café** estava delicioso, como sempre, e foi tão bom apanhar a Lily. Falámos da nossa semana, dos nossos empregos, e dos nossos planos para o futuro. Foi sempre tão fácil falar com a Lily, e senti que podia dizer-lhe tudo. Passado algum tempo, começámos a ter fome e **decidimos** encomendar alguma comida.

Encomendámos a nossa comida e encontrámos um

Dans un café

C'était un matin d'**automne** frisquet, et j'avais donné rendez-vous à mon amie Lily dans notre café préféré pour prendre un café. Je me suis enveloppée chaudement dans mon manteau et mon écharpe et je suis partie. Les feuilles tombaient des arbres et l'air était glacial, mais le soleil brillait et la journée promettait d'être magnifique. Tout en marchant, j'ai **pensé** à quel point c'était bien d'avoir une amie comme Lily. Nous étions amies depuis des années, depuis notre rencontre à l'**université**. Nous nous sommes liées par notre amour du café et du temps passé à discuter dans les cafés. Même si nous vivions dans des quartiers différents de la ville, nous nous retrouvions pour prendre un café une fois par semaine. Je suis arrivé au café, et Lily était déjà là, à m'attendre. Nous nous sommes embrassées et avons commandé nos cafés. Nous avons trouvé une table près de la fenêtre et nous nous sommes installées pour discuter. Le **café** était délicieux, comme toujours, et c'était si agréable de rattraper le temps perdu avec Lily. Nous avons parlé de notre semaine, de nos emplois et de nos projets pour l'avenir. C'était toujours si facile de parler à Lily, et j'avais l'impression que je pouvais tout lui dire. Après un moment, nous avons commencé à avoir faim et **avons décidé** de commander de la nourriture.

lugar junto à janela. O sol brilhava através da janela, fazendo tudo sentir-se quente e feliz. Conversamos enquanto comíamos a nossa comida, desfrutando do simples prazer de estarmos na **companhia** um do outro. O café estava ocupado, mas não se sentia apinhado. Havia uma sensação de paz e contentamento no ar. Ao terminarmos a nossa comida, sentámo-nos durante mais algum tempo, apenas desfrutando da **atmosfera** pacífica. Falámos durante algum tempo sobre coisas diferentes que tinham acontecido nas nossas vidas. Foi tão bom apanhar o meu amigo e simplesmente **relaxar**. O sol brilhava pela janela, e parecia que **nada** podia arruinar o nosso dia perfeito.

De repente, ouvi um estrondo alto. Virei-me para ver que um homem tinha caído pelo tecto e estava deitado no chão à nossa frente. Estava **coberto** de poeira e detritos e parecia estar inconsciente. O meu amigo e eu estávamos ambos em choque quando olhámos fixamente para o homem deitado no chão. Não sabíamos o que fazer ou a quem pedir ajuda. Ficámos ali sentados a olhar para ele, sem saber o que fazer. Passados alguns minutos, saí de lá e liguei para o 112. O operador disse-me que alguém iria estar lá em breve. Desliguei o telefone e disse ao meu amigo o que a **telefonista** tinha dito.

Nous avons **commandé notre** nourriture et trouvé un siège près de la fenêtre. Le soleil brillait à travers la fenêtre, rendant le tout chaleureux et joyeux. Nous avons bavardé en mangeant, appréciant le simple plaisir d'être en **compagnie de l'autre**. Le café était occupé, mais il n'y avait pas de foule. Il y avait un sentiment de paix et de satisfaction dans l'air. Après avoir terminé notre repas, nous sommes restés assis un moment de plus, profitant de l'**atmosphère** paisible. Nous avons parlé pendant un moment de différentes choses qui avaient eu lieu dans nos vies. C'était si agréable de rattraper le temps perdu avec mon ami et de **se détendre**. Le soleil brillait à travers la fenêtre, et c'était comme si **rien ne** pouvait gâcher notre journée parfaite.

Soudain, j'ai entendu un grand fracas. Je me suis retourné pour voir qu'un homme avait traversé le plafond et gisait sur le sol devant nous. Il était **couvert** de poussière et de débris et semblait être inconscient. Mon ami et moi étions tous deux sous le choc en regardant l'homme allongé sur le sol. Nous ne savions pas quoi faire ni qui appeler à l'aide. Nous sommes restés assis là, à le regarder, sans savoir quoi faire. Après quelques minutes, je me suis ressaisie et j'ai appelé le 911. L'opérateur m'a dit que quelqu'un arriverait bientôt. J'ai raccroché le téléphone et j'ai raconté à mon ami ce que l'**opérateur avait** dit.

Questões de compreensão

1. De onde vem o homem que cai pelo telhado?

2. Porque está a mulher com o seu amigo no café?

3. Qual é o café favorito dos dois amigos?

4. Há quanto tempo é que os dois amigos se conhecem?

5. Qual é a bebida preferida dos dois amigos?

6. Em que cidade vivem os dois amigos?

7. Com que frequência é que os dois amigos se encontram?

8. De que falam os dois amigos quando se encontram pela primeira vez no seu café favorito?

9. Qual é a comida preferida dos dois amigos?

10. Porque é tão fácil falar com a Lily?

Questions de compréhension

1. D'où vient l'homme qui tombe à travers le toit ?

2. Pourquoi la femme est-elle avec son ami dans le café ?

3. Quel est le café préféré des deux amis ?

4. Depuis combien de temps les deux amis se connaissent-ils ?

5. Quelle est la boisson préférée des deux amis ?

6. Dans quelle ville vivent les deux amis ?

7. Combien de fois les deux amis se rencontrent-ils ?

8. De quoi parlent les deux amis lorsqu'ils se rencontrent pour la première fois dans leur café préféré ?

9. Quel est le plat préféré des deux amis ?

10. Pourquoi c'est si facile de parler à Lily ?

Ir a Nadar

A piscina foi sempre um lugar **refrescante**, e hoje não era diferente. O sol brilhava e a água parecia convidativa. Respirei fundo e mergulhei, sentindo o abraço fresco da água. Nadei durante algum tempo, apreciando o exercício e a oportunidade de limpar a minha cabeça. Passado algum tempo, saí e sequei, depois sentei-me numa toalha para relaxar ao sol. Fechei os olhos e deixei que o **calor** se lavasse sobre mim, sentindo que os meus músculos começavam a relaxar. De repente, ouvi um salpico e abri os olhos para ver a minha irmãzinha **a remar na** ponta rasa. Sorri e observei-a durante algum tempo, depois levantei-me e caminhei até ela. Conversamos um pouco e remámos juntos, desfrutando da companhia um do outro. Em breve, os nossos pais juntaram-se a nós, e passámos o resto da tarde a nadar e a jogar jogos juntos. Foi sempre tão agradável passar tempo com a família na piscina. Há **algo** sobre estar na água que apenas parece aproximar as pessoas. Talvez seja porque somos todos iguais quando estamos na água - não podemos esconder as nossas falhas ou fingir que somos algo que não somos. Ou talvez seja apenas porque é divertido! **Seja qual for** a razão, fiquei contente por nos podermos juntar todos e desfrutar da companhia uns dos outros num lugar tão especial.

Aller nager

La piscine était toujours un endroit **rafraîchissant**, et aujourd'hui n'était pas différent. Le soleil brillait et l'eau semblait invitante. J'ai pris une profonde inspiration et j'ai plongé, sentant l'étreinte fraîche de l'eau. J'ai fait des longueurs pendant un moment, appréciant l'exercice et la possibilité de me vider la tête. Au bout d'un moment, je suis sorti et me suis séché, puis je me suis assis sur une serviette pour me détendre au soleil. J'ai fermé les yeux et laissé la **chaleur** m'envahir, sentant mes muscles se détendre. Soudain, j'ai entendu une éclaboussure et j'ai ouvert les yeux pour voir ma petite sœur **pagayer dans la** partie peu profonde. J'ai souri et je l'ai regardée pendant un moment, puis je me suis levée et je suis allée vers elle. Nous avons bavardé un peu et pataugé ensemble, appréciant la compagnie de l'autre. Nos parents nous ont bientôt rejoints et nous avons passé le reste de l'après-midi à nager et à jouer ensemble. C'était toujours très agréable de passer du temps avec la famille à la piscine. Il y a **quelque chose** dans le fait d'être dans l'eau qui semble rassembler les gens. Peut-être est-ce parce que nous sommes tous égaux lorsque nous sommes dans l'eau - nous ne pouvons pas cacher nos défauts ou prétendre être ce que nous ne sommes pas. Ou peut-être est-ce simplement parce que c'est amusant ! **Quelle que soit la** raison, j'étais simplement heureuse que nous

O sol estava a bater na minha pele e o cheiro a cloro estava no ar. Conseguia ouvir os sons das crianças a rir e a salpicar na piscina. Estava deitado numa cadeira de **descanso** ao lado da piscina, deitando-me ao sol e **aproveitando** o dia. Tinha os olhos fechados e estava prestes a adormecer quando ouvi alguém a caminhar até mim. Abri os olhos e vi uma mulher de pé ao meu lado. Ela estava a usar um biquíni e tinha uma toalha enrolada à volta da cintura. Ela tinha cabelo loiro comprido e olhos azuis. Ela segurava uma garrafa de **protector solar** na mão. "Importa-se que lhe ponha protector solar nas costas?", perguntou ela. "Não, está bem", disse eu, sentada para que ela pudesse alcançar as minhas costas. Senti as mãos dela na minha pele enquanto ela aplicava o protector solar.

O seu toque era suave e o aroma do protector solar era suavizante. Voltei a fechar os olhos e deixei-me relaxar. Conseguia ouvir o **som** dela a mexer-se, mas não abri os olhos. Fiquei contente apenas deitado ao sol, a ouvir o som das ondas **a baterem** contra a costa. Passados alguns minutos, ela afastou-se, e eu abri os olhos. Observei-a enquanto voltava para a sua cadeira de descanso e pegava no seu livro.

puissions tous nous réunir et profiter de la compagnie des autres dans un endroit aussi spécial.

Le soleil tapait sur ma peau et l'odeur du chlore flottait dans l'air. J'entendais le bruit des enfants qui riaient et barbotaient dans la piscine. J'étais allongée sur une chaise **longue près de la** piscine, profitant du soleil et **de la** journée. J'avais les yeux fermés et j'étais sur le point de m'endormir lorsque j'ai entendu quelqu'un s'approcher de moi. J'ai ouvert les yeux et j'ai vu une femme debout à côté de moi. Elle portait un bikini et avait une serviette enroulée autour de sa taille. Elle avait de longs cheveux blonds et des yeux bleus. Elle tenait une bouteille de **crème solaire** dans sa main. "Ça te dérange si je mets de la crème solaire sur ton dos ?" a-t-elle demandé. "Non, ça va", ai-je répondu, en me redressant pour qu'elle puisse atteindre mon dos. J'ai senti ses mains sur ma peau alors qu'elle appliquait la crème solaire.

Son toucher était doux et l'odeur de la crème solaire était apaisante. J'ai fermé les yeux à nouveau et me suis laissé aller à la détente. Je pouvais entendre le **bruit** de ses mouvements, mais je n'ai pas ouvert les yeux. Je me contentais de rester allongé au soleil, en écoutant le bruit des vagues qui **s'écrasaient** sur le rivage. Après quelques minutes, elle s'est éloignée, et j'ai ouvert les yeux. Je l'ai regardée retourner vers sa chaise longue et prendre son livre.

Questões de compreensão

1. Onde estava o narrador quando começou a história?

2. O que cheira o narrador quando abre os olhos?

3. O que é que o narrador ouve quando abre os olhos?

4. De quem é o protector solar que a mulher dá ao narrador?

5. Com o que é que o narrador está a sonhar?

6. Porque é que nadar no mar é tão especial para o narrador?

7.Como se sente a água em que o narrador nada?

8. O que é que o narrador vê quando sai da água?

9. O que é que a mulher faz depois de colocar o protector solar no narrador?

10. De que falam o narrador e a mulher no final da história?

Questions de compréhension

1. Où se trouvait le narrateur lorsqu'il a commencé l'histoire ?

2. Que sent le narrateur lorsqu'il ouvre les yeux ?

3. Qu'entend le narrateur lorsqu'il ouvre les yeux ?

4. A qui la femme donne-t-elle de la crème solaire au narrateur ?

5. De quoi le narrateur rêve-t-il ?

6. Pourquoi la baignade dans la mer est-elle si spéciale pour le narrateur ?

7. quelle est la sensation de l'eau dans laquelle nage le narrateur ?

8. Que voit le narrateur quand il sort de l'eau ?

9. Que fait la femme après avoir mis la crème solaire sur le narrateur ?

10. De quoi le narrateur et la femme parlent-ils à la fin de l'histoire ?

Corte da relva

São 10 da manhã de um **sábado de** Verão, e o sol já está a bater impiedosamente. Atira-se à garagem para ir buscar o cortador de relva, sentindo-se como se estivesse a ser **condenado** a trabalhos forçados. Começa-se a cortar a relva, certificando-se de ir devagar e com cuidado para não faltar nenhum ponto. Ao cortar a relva, pensa-se em como é bom estar lá fora no ar fresco. Quando se começa a empurrar o cortador de relva para trás e para a frente através do relvado, vê-se o seu vizinho pelo canto do **olho**. Acena-se e diz-se olá, e ele acena para trás.

Passados alguns minutos, está acabado, e dirige-se à casa do seu vizinho para tomar uma cerveja com ele no jardim da frente. É um dia **perfeito** - não demasiado quente, com uma brisa suave a soprar. Senta-se à sombra da árvore, bebe a sua cerveja e conversa com o seu vizinho. São dias como este que o fazem apreciar o Verão. Depois **vai para** dentro para uma cerveja bem merecida. Atira-se para uma cadeira na varanda da frente e abre-se a lata, deixando sair um suspiro de contentamento. O som do cortador de relva desvanece-se para o fundo enquanto se relaxa à sombra, desfrutando da **tranquilidade** do momento. A cerveja tem um sabor extra bom depois de todo aquele

Tonte de la pelouse

Il est 10 heures du matin, un **samedi d'**été, et le soleil
tape déjà sans pitié. Vous vous frayez un chemin
jusqu'au garage pour aller chercher la tondeuse
à gazon, avec l'impression d'être **condamné** aux
travaux forcés. Vous commencez à tondre la pelouse,
en veillant à aller doucement pour ne pas manquer
d'endroits. Pendant que vous tondez, vous pensez à
tout le bien que cela fait d'être dehors à l'air frais. Alors
que vous commencez à pousser la tondeuse d'avant en
arrière sur la pelouse, vous apercevez votre voisin du
coin de l'**œil**. Vous lui faites signe et lui dites bonjour, et
il vous répond.

Après quelques minutes, vous avez terminé, et vous
vous rendez chez votre voisin pour prendre une bière
avec lui dans le jardin de devant. C'est une journée
parfaite, il ne fait pas trop chaud et une légère brise
souffle. Vous êtes assis à l'ombre de l'arbre, sirotant
votre bière et discutant avec votre voisin. Ce sont des
jours comme celui-ci qui vous font apprécier l'été. Puis
vous rentrez à l'intérieur pour prendre une bière bien
méritée. Vous vous installez sur une chaise sous le
porche et ouvrez la canette, en poussant un soupir de
satisfaction. Le bruit de la tondeuse s'estompe et vous
vous détendez à l'ombre, profitant de la **tranquillité**

trabalho árduo no calor. Estava prestes a ir para dentro quando ouvi um barulho ao lado.

Parecia que alguém estava a chorar. Parei de cortar relva e caminhei até à vedação que separava os nossos pátios. Olhei para cima e vi a minha vizinha, a Sra. Johnson, a chorar no seu baloiço de alpendre. Chamei-a, mas ela não me ouviu. Subi a cerca e caminhei até ela. "Sra. Johnson, a senhora está bem?" perguntei-lhe eu. Ela olhou para mim com lágrimas nos olhos e abanou a cabeça. "Não, eu não estou bem", disse ela. "O meu gato morreu ontem". Eu fiquei chocada. Eu não sabia o que dizer. Fiquei ali de pé de forma estranha, sem saber o que fazer. Finalmente, pus a minha mão no seu **ombro** e disse: "Lamento imenso, Sra. Johnson. Se houver alguma coisa que eu possa fazer para ajudar, por favor digam-me. "Ela abanou a cabeça e disse: "Não, não há **nada** que alguém possa fazer". Depois levantou-se e foi para dentro da sua casa. Eu fiquei ali parada por um momento, sem saber o que fazer. Depois voltei a cortar a minha relva. Quando terminei, não pude deixar de pensar na Sra. Johnson e no seu gato.

du moment. La bière a un goût extra bon après tout ce dur travail dans la chaleur. J'étais sur le point de rentrer quand j'ai entendu un bruit à côté.

On aurait dit que quelqu'un pleurait. J'ai arrêté de tondre et j'ai marché jusqu'à la clôture qui séparait nos jardins. J'ai jeté un coup d'œil par-dessus et j'ai vu ma voisine, Mme Johnson, pleurer sur sa balançoire sous le porche. Je l'ai appelée, mais elle ne m'a pas entendue. J'ai escaladé la clôture et j'ai marché jusqu'à elle. "Mme Johnson, vous allez bien ?" J'ai demandé. Elle a levé les yeux vers moi, les larmes aux yeux, et a secoué la tête. "Non, je ne vais pas bien", a-t-elle dit. "Mon chat est mort hier." J'étais choquée. Je n'ai pas su quoi dire. Je suis restée là, maladroitement, sans savoir quoi faire. Finalement, j'ai posé ma main sur son **épaule** et j'ai dit : "Je suis vraiment désolée, Mme Johnson. Si je peux faire quelque chose pour vous aider, faites-le moi savoir". "Elle a secoué la tête et a dit : "Non, il **n'y a rien que** personne ne puisse faire". Puis elle s'est levée et est entrée dans sa maison. Je suis resté là un moment, ne sachant pas quoi faire. Puis je suis retourné tondre ma pelouse. En terminant, je n'ai pu m'empêcher de penser à Mme Johnson et à son chat.

Questões de compreensão

1. Que horas são?

2. Onde está a pessoa a cortar relva?

3. Como é que a pessoa se sente?

4. Porque é que a pessoa tem de cortar lentamente?

5. Que tipo de tempo é este?

6. O que é que a pessoa está a fazer após o corte?

7. O que é que a pessoa ouve antes de ir para casa?

8. Whois com a Sra. Johnson?

9. Porque é que a Sra. Johnson está a chorar?

10. O que é que a pessoa diz à Sra. Johnson?

Questions de compréhension

1. Quelle heure est-il ?

2. Où se trouve la personne qui tond ?

3. Comment la personne se sent-elle ?

4. Pourquoi la personne doit-elle tondre lentement ?

5. Quel est le temps qu'il fait ?

6. Que fait la personne après avoir fauché ?

7. Qu'entend la personne avant de rentrer chez elle ?

8. Qui est avec Mme Johnson ?

9. Pourquoi Mme Johnson pleure-t-elle ?

10. Que dit la personne à Mme Johnson ?

Como cortar o cabelo

Há semanas que eu tinha intenção de cortar o cabelo, mas de alguma forma sempre consegui adiá-lo. Mas com o **Natal** ao virar da esquina, sabia que não podia adiá-lo por mais tempo. Não queria aparecer no jantar de Natal da minha família com ar de confusão. Por isso, no início da manhã de Natal, fui para o salão. Apesar de ser cedo, o salão já estava ocupado com outras pessoas **a** arranjar o cabelo para o feriado. Tomei o meu lugar na fila e esperei pela minha vez. Finalmente, era a minha vez de estar na cadeira. A estilista, uma mulher amigável chamada Jill, perguntou-me o que eu queria. "Apenas um corte, nada demasiado drástico", respondi eu. Jill começou a trabalhar, arrancando-me o cabelo. Enquanto ela trabalhava, eu comecei a relaxar. Senti-me bem por finalmente estar a cuidar de mim. Tinha andado tão ocupada ultimamente, correndo por aí a cuidar de todos os outros, que deixei as minhas próprias necessidades cair no esquecimento. Mas **agora já** não. A partir de agora, eu ia arranjar tempo para mim.

Quando a Jill terminou, olhei para o espelho e fiquei satisfeito com o que vi. O meu cabelo parecia arrumado e polido - perfeito para reuniões de férias. **Agradeci**

Se faire couper les cheveux

Cela faisait des semaines que je voulais me faire couper les cheveux, mais j'arrivais toujours à remettre ça à plus tard. Mais à l'approche de **Noël, je** savais que je ne pouvais plus attendre. Je ne voulais pas me présenter au dîner de Noël de ma famille avec une coiffure débraillée. Alors, tôt le matin de Noël, je me suis rendue au salon. Même s'il était tôt, le salon était déjà occupé par d'autres personnes qui **se faisaient** coiffer pour les fêtes. J'ai pris ma place dans la file d'attente et j'ai attendu mon tour. Enfin, c'était mon tour sur la chaise. La styliste, une femme sympathique nommée Jill, m'a demandé ce que je voulais. "Juste une coupe, rien de trop radical", ai-je répondu. Jill s'est mise au travail, coupant mes cheveux. Pendant qu'elle travaillait, j'ai commencé à me détendre. C'était bon de prendre enfin soin de moi. J'avais été tellement occupé ces derniers temps, à courir partout pour m'occuper de tout le monde, que j'avais laissé mes propres besoins de côté. Mais plus **maintenant**. A partir de maintenant, j'allais prendre du temps pour moi.

Lorsque Jill a terminé, je me suis regardée dans le miroir et j'étais ravie de ce que je voyais. Mes cheveux étaient soignés et polis, parfaits pour les fêtes de fin d'année. J'ai **remercié** Jill et j'ai noté **mentalement** de

à Jill e fiz uma nota **mental** para voltar mais vezes. A partir de agora, vou cuidar de mim primeiro e acima de tudo. Ela começou a trabalhar a arrancar-me o cabelo. Pensei em como estava grato por ter finalmente conseguido cortar o meu cabelo. Foi bom saber que eu ficaria apresentável para o **jantar de** Natal. Já não teria de me preocupar mais com a minha família a provocar-me com a minha aparência "desalinhada". Passados alguns minutos, o estilista terminou de me cortar o cabelo e deu-me um rápido secador de cabelo. Olhei-me ao espelho e fiquei contente com o que vi - um aspecto limpo que seria perfeito para a ceia de Natal. Agora que o meu corte de cabelo estava fora do caminho, pude concentrar-me em gozar as férias com a minha família. E fiquei ainda mais grato por isso.

Foi tão **libertador**, e adorei a forma como o meu novo corte de cabelo ficou. Depois de pagar pelo meu corte de cabelo, fui para casa e comecei a fazer as malas para a minha viagem. **Mal podia** esperar para mostrar o meu novo visual à minha família e amigos. Eu sabia que eles ficariam surpreendidos quando me vissem. No dia do meu voo, cheguei ao aeroporto com muito tempo de sobra. Passei pela segurança sem quaisquer problemas, e em breve estava a caminho. Assim que cheguei ao meu destino, pude sentir a excitação no ar. O Natal estava definitivamente no ar!

revenir plus souvent. À partir de maintenant, je prendrai soin de moi d'abord et avant tout. Elle s'est mise au travail en coupant mes cheveux. J'ai pensé à combien j'étais reconnaissante d'avoir enfin pris le temps de me faire couper les cheveux. Je me sentais bien de savoir que j'allais être présentable pour le **repas de** Noël. Je n'aurais plus à m'inquiéter des taquineries de ma famille sur mon apparence "débraillée". Après quelques minutes, le coiffeur a fini de me couper les cheveux et m'a fait un rapide brushing. Je me suis regardé dans le miroir et j'étais heureux de ce que je voyais - un look propre qui serait parfait pour le dîner de Noël. Maintenant que ma coupe de cheveux était terminée, je pouvais me concentrer sur les vacances avec ma famille. Et j'en étais encore plus reconnaissante.

Je me suis sentie tellement **libérée** et j'ai adoré le look de ma nouvelle coupe de cheveux. Après avoir payé ma coupe, je suis rentrée chez moi et j'ai commencé à faire mes bagages pour mon voyage. J'**avais hâte** de montrer mon nouveau look à ma famille et à mes amis. Je savais qu'ils seraient surpris en me voyant. Le jour de mon vol, je suis arrivée à l'aéroport avec beaucoup de temps devant moi. J'ai passé le contrôle de sécurité sans problème et j'ai rapidement pris la route. Dès que je suis arrivé à destination, j'ai senti l'excitation dans l'air. Il y avait vraiment de l'air pour Noël !

Questões de compreensão

1. O que é que o protagonista precisava de fazer antes do Natal?

2. Como se sentiu a protagonista em cuidar de si própria?

3. Quem aparou o cabelo do protagonista?

4. Porque é que a família da protagonista a ia provocar?

5. Como se sentiu a protagonista depois de ter cortado o cabelo?

6. O que fez a protagonista depois de ter cortado o cabelo?

7. Qual foi a reacção da família da protagonista ao seu corte de cabelo?

8. O que fez o protagonista na véspera de Natal?

9. O que tornou a experiência do protagonista mais especial?

10. O que aconteceria se o protagonista não cortasse o cabelo?

Questions de compréhension

1. Que devait faire le protagoniste avant Noël ?

2. Que pense la protagoniste du fait de prendre soin d'elle ?

3. Qui a taillé les cheveux du protagoniste ?

4. Pourquoi la famille de la protagoniste allait-elle se moquer d'elle ?

5. Qu'a ressenti la protagoniste après s'être fait couper les cheveux ?

6. Qu'a fait la protagoniste après s'être fait couper les cheveux ?

7. Quelle a été la réaction de la famille de la protagoniste à sa coupe de cheveux ?

8. Qu'a fait le protagoniste la veille de Noël ?

9. Qu'est-ce qui a rendu l'expérience du protagoniste plus spéciale ?

10. Que se passerait-il si le protagoniste ne se faisait pas couper les cheveux ?

O parque

O sol estava a pôr-se, e o parque estava vazio. Sentei-
me no banco, à espera do meu **amigo**. Tínhamos
planeado encontrar-nos aqui há uma hora atrás, mas
ela chegava sempre atrasada. Quando eu estava
prestes a desistir e a ir para casa, vi-a a correr na
minha direcção.

"Lamento imenso", ela desabou quando chegou ao
banco. "O meu comboio estava **atrasado**".

"Está tudo bem", disse eu **perdoadamente**. "Acabei de
chegar aqui pessoalmente".

Sentámo-nos e conversámos durante algum tempo,
pondo em dia a vida um do outro desde a última vez
que nos conhecemos. A conversa fluiu **facilmente**,
e parecia que não tinha passado tempo nenhum
desde a última vez que nos vimos. Quando o sol se
pôs, despedimo-nos e seguimos os nossos caminhos
separados. A próxima vez que nos encontrámos,
foi num parque diferente. Mais uma vez, ela estava
atrasada, mas não me importei. Foi bom ter alguém
com quem falar e que me **compreendesse**. Falámos
sobre os nossos sonhos e **aspirações**, coisas que
queríamos fazer com as nossas vidas. Ela falou-me
dos seus planos para viajar pelo mundo, e eu partilhei o
meu sonho de me tornar escritor. Quando o sol se pôs
noutro dia, despedimo-nos mais uma vez, prometendo

Le parc

Le soleil se couchait, et le parc était vide. Je me suis assise sur un banc, attendant mon **amie**. Nous avions prévu de nous retrouver ici il y a une heure, mais elle était toujours en retard. Au moment où j'allais abandonner et rentrer chez moi, je l'ai vue courir vers moi. "Je suis vraiment désolée", a-t-elle haleté en atteignant le banc. "Mon train a été **retardé**." "C'est bon", ai-je dit **avec indulgence**. "Je viens juste d'arriver." Nous nous sommes assis et avons bavardé pendant un certain temps, prenant des nouvelles de la vie de chacun depuis notre dernière rencontre. La conversation était fluide **et nous avions** l'impression que le temps n'avait pas passé depuis notre dernière rencontre. Au coucher du soleil, nous nous sommes dit au revoir et avons pris des chemins différents. La fois suivante, c'était dans un autre parc. Encore une fois, elle était en retard, mais ça ne m'a pas dérangé. C'était agréable d'avoir quelqu'un à qui parler et qui me **comprenait**. Nous avons parlé de nos rêves et de nos **aspirations**, des choses que nous voulions faire de nos vies. Elle m'a parlé de son projet de voyager dans le monde entier, et j'ai partagé mon rêve de devenir écrivain. Alors que le soleil se couchait sur un autre jour, nous nous sommes dit au revoir une fois de plus, en promettant de rester en contact cette fois-ci.

manter-nos em contacto desta vez.

Os anos passaram, e a nossa **amizade** permaneceu forte, apesar de vivermos agora em diferentes partes do país. Mantivemo-nos em contacto através de cartas e telefonemas ocasionais, partilhando notícias das nossas vidas uns com os outros. Quando ela anunciou que ia casar, não me **surpreendeu** - ela tinha sido sempre do tipo **aventureiro.** Mas quando ela me perguntou se eu seria a sua dama de honra na cerimónia do seu casamento que se realizava a meio mundo de onde eu vivia...isso levou algum convencimento! No final, embora não pudesse deixar a minha melhor amiga casar sem mim ao seu lado, apesar dos meus receios (e depois de muito suplicar-lhe!)**concordei** em alinhar no que acabou por ser a **aventura** de uma vida.

O dia do **casamento** chegou finalmente. Eu estava nervoso, mas entusiasmado por fazer parte de um momento tão importante na vida do meu amigo. A cerimónia foi linda, e ela parecia feliz ao dizer os seus votos. **Depois**, celebrámos com uma grande festa - parecia que todos os que ela conhecia tinham vindo para celebrar com ela! Foi um dia **mágico** que nunca esquecerá, e a nossa amizade só se tornou mais forte depois dessa aventura. Agora, anos mais tarde, ainda nos mantemos em contacto.

Les années ont passé, et notre **amitié** est restée
forte, même si nous vivions désormais dans des
régions différentes du pays. Nous sommes restés en
contact par des lettres et des appels téléphoniques
occasionnels, partageant les nouvelles de nos vies
respectives. Lorsqu'elle a annoncé qu'elle allait se
marier, je n'ai pas été **surpris** - elle avait toujours été
du genre **aventureux**. Mais lorsqu'elle m'a demandé
si j'accepterais d'être sa demoiselle d'honneur à
la cérémonie de son mariage qui se déroulait à
l'autre bout du monde, loin de chez moi... il a fallu
la convaincre ! En fin de compte, je ne pouvais pas
laisser ma meilleure amie se marier sans moi à ses
côtés, alors malgré mes craintes (et après qu'elle m'ait
beaucoup suppliée !), j'ai **accepté de participer à** ce
qui s'est avéré être l'**aventure** de ma vie.

Le jour du **mariage** est enfin arrivé. J'étais nerveux,
mais excité de faire partie d'un moment si important
dans la vie de mon amie. La cérémonie était
magnifique, et elle avait l'air heureuse en prononçant
ses vœux. **Ensuite,** nous avons fait une grande fête
- on aurait dit que tous ses proches étaient venus
célébrer avec elle ! C'était un jour **magique** que
je n'oublierai jamais, et notre amitié n'a fait que se
renforcer après cette aventure. Aujourd'hui, des années
plus tard, nous restons toujours en contact.

Questões de compreensão

1. Onde é que a autora e a sua amiga se encontraram pela primeira vez?

2. Porque é que o amigo do autor se atrasou para a sua reunião?

3. De que falaram os amigos quando se voltaram a encontrar anos mais tarde?

4. Como é que a autora se sentiu ao assistir à cerimónia de casamento da sua amiga?

5. Descrever o cenário da cerimónia de casamento.

6. Como é que a amizade entre as duas mulheres mudou com o tempo?

7. Qual é o sonho do autor?

8. Onde planeia o amigo do autor viajar?

9. Porque é que a autora hesitou em assistir à cerimónia de casamento da sua amiga?

Questions de compréhension

1. Où l'auteur et son ami se sont-ils rencontrés pour la première fois ?

2. Pourquoi l'ami de l'auteur était-il en retard à leur réunion ?

3. De quoi les amis ont-ils parlé lorsqu'ils se sont retrouvés des années plus tard ?

4. Qu'a ressenti l'auteur en assistant à la cérémonie de mariage de son amie ?

5. Décrivez le cadre de la cérémonie de mariage.

6. Comment l'amitié entre les deux femmes a-t-elle évolué au fil du temps ?

7. Quel est le rêve de l'auteur ?

8. Où l'ami de l'auteur prévoit-il de voyager ?

9. Pourquoi l'auteur a-t-elle hésité à assister à la cérémonie de mariage de son amie ?